COLLECTION DE LAJARRIETTE

2e PARTIE

AF384910

ESTAMPES

PORTRAITS

HISTOIRE DE FRANCE

VENTE

Du 16 au 21 Décembre 1861

Prix : 2 Fr.

M° DELBERGUE-CORMONT, | M. VIGNÈRES,
Commissaire-Priseur. | Marchand d'Estampes.

PARIS — 1861

1765

2470 - 50

2103 -

1743 - 50

1567 - 50

1219 - 50

11079

Bordereau Morgan   68 - 50

242

259

273

278

CATALOGUE

DE LA COLLECTION

D'ESTAMPES

ANCIENNES ET MODERNES

SUJETS, PORTRAITS, VUES

AYANT RAPPORT

A L'HISTOIRE DE FRANCE

DE PHARAMOND A NOS JOURS

L'ANGLETERRE, LA BRETAGNE, LES THÉATRES, ETC.

FORMANT LA **2ᵉ PARTIE** DU CABINET

De Feu M. DE LAJARRIETTE

ANCIEN RECEVEUR DES FINANCES A NANTES

dont la vente aura lieu

HOTEL DES COMMISSAIRES - PRISEURS

Rue Drouot, nº 5

SALLE Nº 3, AU 1ᵉʳ

Du Lundi 16 au Samedi 21 Décembre 1861

A UNE HEURE PRÉCISE

Par le ministère de Mᵉ DELBERGUE-CORMONT,

Commissaire-Priseur, rue de Provence, 8,

Assisté de M. VIGNÈRES, Marchand d'Estampes, rue de la Monnaie, 13,

entrée rue Baillet, 1, à l'entresol,

Chez lequel se distribue le présent Catalogue.

EXPOSITION PUBLIQUE

Le Dimanche 15 Décembre 1861, de une heure à cinq heures.

PARIS — 1861

ORDRE DES VACATIONS.

CONDITIONS DE LA VENTE.

Tous les lots ne formant pas suite complète, pourront être divisés.

La vente sera faite au comptant, cinq pour cent en plus des enchères applicables aux frais.

AVIS.

Nous répétons, que la généralité de cette collection est en belles épreuves et bon état; nous attirons l'attention des amateurs de portraits et d'illustrations sur cette collection, composée d'un grand nombre de pièces rares et que l'on retrouvera très-difficilement.

M. Vignères faisant la vente se charge des commissions.

Nota. Toute commission sans prix fixé ou sans limite déterminée sera regardée comme nulle.

M. Vignères se charge de faire marquer les prix aux Catalogues des ventes qu'il a faites : les amateurs qui le désirent peuvent s'adresser à lui *franco*.

(Toute lettre non affranchie ne sera pas reçue).

ESTAMPES

PORTRAITS & PIÈCES HISTORIQUES

HISTOIRE DE FRANCE

○ 2 — Vignettes pour l'Histoire de France commençant à Pharamond, compositions de Moreau le jeune, avec texte gravé au bas. 153 p. In-4.

○ 3 Vignettes pour l'Histoire de France commençant à Clovis, compositions de Moreau le jeune, avec texte gravé au bas. 149 p. In-4.

○ 4 Collection de 58 portraits de Rois de France, publié à Lyon en 1546. Voir Robert Dumesnil, VI. p. 22. C'est la plus ancienne suite gravée connue.

○ 5 **Rois Mérovingiens**. De 420 à 752. Pharamond. 2 portraits. — Clodion, 3. — Mérovée. — Aétius. 2. — Attila. 3 port. et sa vision, d'ap. Raphaël. — Childéric Ier. 2 p. — Clovis Ier. 6 p. Son baptême et autres. 5 p. — Clotilde de Bourgogne, 2. — Childebert Ier. 5 p. — Clotaire Ier. 4 p. — Chérebert, 2. — Chilpéric Ier. 5 p. — Saint-Germain. — Grégoire de Tours, 3. — Frédegonde, 3. — Brunehaut. 2 p. historiques. — Clotaire II. 3 p. — Dagobert Ier. 4 p. — Saint-Eloy, 2. — Clovis II. 2 p. — Clotaire III. 2 p. — Childéric II. — Thierry Ier. — Clovis III, 2. — Childebert II, 3. — Dagobert II, 2. — Chilpéric II, 2. — Thierry II. 2. — Charles Martel. 3 p. et p. hist. — Childéric III. En tout 83 p. sera divisé.

○ 6 **Rois Carlovingiens**. De 752 à 987. — Pépinle-Bref. 2 p. — Charlemagne. 7 p. et 3 p. hist. — Louis-le-Débonnaire. — Charles II le Chauve, 5. — Robert-le-Fort, 2. — Louis et Carloman. — Louis II le Bègue, 2. — Charles III le Gros, 2. — Eudes, 4. — Charles III le Simple, 4. — Rollon duc de Normandie, 2. — Raoul, 2. — Louis IV d'Outre-mer, 4. — Lothaire, 3. — Louis V. 2. En tout 44 p.

7 La Venetia Edificata, poema eroico di Giulio Strozz con gli argomenti del sig. Francesco Cortesi. Venetia, 1624. 26 planches dont le portrait avec texte au verso, rare.

8 **Rois Capétiens.** De 987 à 1328. Hugues Capet. 3. — Robert Ier. — Henri Ier. — Hugues le Grand. — Guillaume le Conquérant. 5 p. et 1 p. hist. — Henri Ier son fils, roi d'Angleterre. — Philippe I. — Pierre l'Hermite, par S. à Bolswert. in-4. Moncornet et galerie de Versailles. 3 p. — Godefroy de Bouillon, par C de Pass et autres. 3 port. et 4 p. hist. Gal. de Vers. Baudouin. 2 pièces. — Raymond IV. — Robert Guiscard. — Roger Ier. — Eudes Ier. 30 p.

9 Armoiries de la salle des Croisades à la galerie de Versailles. 16 feuilles imprimées en couleur, or et argent.

10 — Louis VI le Gros. 2 p. et son sacre, d'ap. Gravelot. Alain Fergent et Ermangarde. 2 p. en pied par Pitau. 2 dessins à la plume d'après ces pièces. — 3 autres portraits. — Robert d'Arbrissel, fondateur de Fontevrault. — Baudouin II. — Institution de l'Ordre du Temple. — Eustache III. — L'abbé Suger, 3. — Tancrède, 17 pièces.

11 **Abailard.** 5 port. et allégorie. 6 p. — Héloïse. 4 port. costumes. Le Paraclet. En tout 115 p.

12 — Suite complète pour les lettres d'Héloïse et d'Abailard. In-4., d'ap. Moreau. 8 p. eaux-fortes pures. — Les mêmes avant la lettre. — Les mêmes avec la lettre, superbe exempl. avec marge.

13 — Dessins à la sépia. In-8, par un inconnu, d'ap. les compositions de Moreau le jeune, pour les lettres d'Héloïse et Abailard. Le n° 3, Jeune Religieux expirant, manque, comme titre Le Tasse, Abailard, Héloïse, Young, Collardeau, Pope : ces six portraits en médaillons sont groupés et complètent les 8 dessins, grande marge.

14 — Héloïse et Abailard. Illustrations par Gigoux. 25 vignettes gravées sur bois, épreuves sur chine.

15 **Saint-Bernard**, adversaire d'Abailard, par Drevet, Duflos, Mellan, etc. 5 port. en pied et buste.

16 **Louis VII**. Port. et pièces hist. 5 p.

17 Philippe-Auguste. 12 port. et p. historiques. — Isabelle de Hainaut. — Saint-Denis tenant sa tête — Villehardouin. — Simon de Montfort, buste et pied, in-f°. 17 p.

18 Henri II, roi d'Angleterre, 4. — Thomas Becket, archev., chancelier.; port. et sa mort, 2. — P. Th. seig. du Fossé. In-4., par Simonneau. — Richard-Cœur de-Lion, 4. — Jean-sans-Terre, 3. — Arthur de Bretagne. En tout, 15 p.

19 Louis VIII le Lion, 2. — Louis IX (SaintLouis), par Léonard Gaultier et autres. 9 port. — Pièces historiques, 16. — Marguerite, 3. — Blanche de Castille, par Huret, etc., 3. — Robert de Clermont. — Jean de Brienne. — Henri III d'Angleterre. — Pierre de Dreux dit Mauclerc, duc de Bretagne, en pied par Pitau; dessin à la plume et autre, 3. — Alix de Bretagne sur son tombeau, par Pitau. En tout, 40 p.

20 Philippe III dit le Hardi, 3. — Jean II. sur son tombeau ; le même dessin à la plume, ainsi que Pierre II, 3 p. — Philippe IV le Bel, 2. — Ptolemais défendu par Guillaume de Clermont. — Jacques de Molay, 4.— Gaucher de Châtillon, port. et p. hist. 2. — Edouard I Plantagenet. — Edouard II. — Isabelle de France. — Louis X le Hutin, 2. — Enguerrand de Marigny. — Philippe V le Long, 2. — Charles IV le Bel, 2. — Etats-Généraux de Paris, 1328. — Bataille de Cassel, 27 p.

21 **Branche des Valois**. Philippe VI dit de Valois, par Larmessin et autre. 2 p. — Jean II. — Combat des Trente. — Charles V le Sage, 4. — Son fou Thevenin. — Duguesclin en buste, en pied et funérailles, 9. En tout, 18 p.

22 Duguesclin. Buste aquarelle Sergent, remargée. — In-fo, gravé par Loir, d'ap. Hallé. 2 p.

23 Jean III duc de Bretagne. Tombeau, par Pitau. — Jean IV. — Jean de Montfort IV, portraits et tombeau, 4. — Jeanne de Montfort. 2. — Marguerite de Flandre. — Leur entrée à Nantes, 2. — Edouard III d'Angleterre, par Vertue et autre, 2. — Pierre-le-Cruel de Castille. 14 port.

24 **Vues** de Vincennes, par Silvestre et autres. 3 p.

25 Jean III, IV et V, ducs de Bretagne. Dessins à la plume, au trait, réduits des gravures de Pitau. 3 p.

26 Charles VI. Larmessin et autres. 6 p. — Isabeau de Bavière. 4 p. — Bernard d'Armagnac, 2. — Bajazet, 2. — Boucicaut, 3. — En tout, 17 portraits.

27 **Jean-sans-Peur**, duc de Bourgogne, par Suyderhoef.

28 Jean-sans-Peur. Larmessin, Moncornet, etc., 3. — Philippe le Hardi, 3. — Olivier de Clisson, 5. En tout, 11 portraits.

29 **Olivier de Clisson**. Aquarelle de Sergent, remargée.

30 Clisson. In-fo, par Loir. — Son tombeau, par Pitau. 2 p.

31 Tanneguy du Chatel, 2. — Jean de Rieux, par Dossier et autre, 2. — Sancerre, à cheval. — Famille des Ursins. — Valentine de Milan, 3. — Composition d'ap. Richard de Lyon, par Fauchery, avant la lettre, 10 p.

32 Henri IV et V d'Angleterre et de France. — Richard II. — Henri VI. — Bedfort. 8 portraits, par Vertue et autres.

33 **Pièces historiques** sur Charles VI, Isabeau, assassinats de Clisson et du duc d'Orléans. 7 p.

34 **Charles VII**, le très-victorieux et libéral roi de France, à mi-corps, casque couronné et empanaché; il tient la hache d'armes de la main droite; au bas quatre vers. Très-joli portrait. Rare.

35 — Charles VII, dit le Victorieux, par Demarcenay. Très-belle ép. Marge. In-8.

36 — Charles VII comme dauphin, en roi. Buste et pied, 7. Marie d'Anjou son épouse. 4 p. En tout, 11 p.

37 **Agnès Sorel**. Aquarelle. In-8. Baudet., d'ap. le dessin de la Biblothèque, marge, in-4.

38 La Belle Agnès. In-f°, Riffaut. Col. Niel.

39 Agnès Sorel, 7. Bustes et pied. — Son tombeau à Loches. — Abbaye de Jumiéges où elle mourut, 2. 10 p.

40 **Jeanne d'Arc** à mi-corps, *Léonard Gaultier*. Très-belle épreuve.

41 Jeanne-d'Arc à cheval, *Léonard Gaultier*. Très-belle épr. Rare.

42 Jeanne d'Arc à mi-corps, par *Lemire*. Très-grande marge.

43 Jeanne d'Arc. Bustes et pieds. Gal. Cardinale. 9 p.; pièces historiques. Sa mort, Compiègne; sa place à Rouen, etc. 11 p. En tout, 20 p.

44 Les principaux faits de l'histoire de Jeanne d'Arc, par *Abraham Bosse*, tirés de la Pucelle de Chapelain. 13 p. avec marge. Très-bel exemplaire.

45. — Jean Bureau, par Grignon. — Arthur III, duc de Bretagne, par Pitau et autres, 4. — François Ier, duc de Bretagne, dessin à la plume, par Dossier. — Isabelle d'Ecosse. — Jacques Cœur, par Grignon. — Dunois, 3. — Lahire. — Loheac. — Raiz. — P. de Rieux. — Xaintrailles, 2. — Pièces historiques. Bourges. Siége et vue. Sacre à Reims, etc., 6. En tout, 24 p.

46 **Louis XI**. Gravé par *Morin*, signé P. Mariette, 1694. Très-belle ép. Marge.

47 Louis XI, par Larmessin, Moncornet et autres. 6 p. Bustes et pied. — Charles de France, duc de Guyenne, 2. — Olivier le Daim. — Tristan l'Ermite. — Jean Balue, cardinal, 2. — Fr. Binet, nimime. — Saint François de-Paule, Poilly, etc., 3. — Martotille. 17 portraits.

48 Philippe III le Bon, 3. — Charles le Téméraire, duc de Bourgogne, 6. — Sa mort, etc. 11 p.

49 Pierre II, duc de Bretagne et sa femme Françoise d'Amboise. 2 port. A genoux, par Pitau. In-fol. Les mêmes lithog. et autres. 6 p.

50 Chabannes, comte de Dammartin, 2. — Commines, 2. — Edouard IV, Vertue, etc., 2. — Jeanne Hachette, par Sergent, en couleur, et p. historiques, 5. En tout, 11 p.

51 René d'Anjou, 4. — Louis II, son père. — Jeanne de Laval. — Marguerite d'Anjou. — Château, tombeau, etc. — René II d'Anjou, 2. — Rollon, 2. — Saint-Pol. 15 p.

52 **Pièces historiques**. Château de Plessis-les-Tours, 2. Découverte de l'imprimerie, par Cochin, Lectoure. Péronne, vue et sujets, 3. Tour de Montlhéry, 2. Porte Saint-Nicolas de Nancy, Silvestre. Incendie du château d'Eu, 11 p.

53. Charles VIII. 9 portraits. Anne de Beaujeu, 2. — Pierre de Bourbon. — Montpensier. — Fr. de Gonzague. — Louis II, sire de la Trémoille. Aquarelle de Sergent, bustes et pied. Tombeau. 21 p.

54 Son mariage avec Anne de Bretagne. Entrée à Naples. Bataille de Saint-Aubin, etc., 6 p.

55 Edouard V d'Angleterre. — Elisabeth d'Yorck, Guntz. Henri VII, 3. — Richard III, 4. En tout, 9 p.

56 **Anne de Bretagne.** Aquarelle de Sergent et autre, 9. — Chapelles ardentes à St-Denis, Nantes. La reine avec ses dames de cour, donnant une lettre à un courrier. Armes de Bretagne, chromo. En tout, 15 p.

57 Renée de France, sa fille, 2. — François II, duc de Bretagne. — Son tombeau et celui de sa femme, 3 p. — Dunois. — Maréchal de Gié, 4. — Château de Verger. — Pierre Landais. — Lescun. — Renée de Nassau. — Jean de Rieux. In-fol., par Loir. — Tanneguy-du-Châtel, 2. En tout, 18 p.

58 Maximilien Ier d'Autriche, épousa Anne d'Autriche par l'entremise de Jean de Nassau. In-fol., par Sompel. — In-fol., par Corneille Vischer. 2 p. Très-belles. Grandes marges.

59 Maximilien Ier, par Daniel Hopfer et autres, en buste et à cheval. 8 p.

60 Marie de Bourgogne. In-fol., par Corn. Vischer. Grande marge et autres, 4. — Marguerite d'Autriche, 3-7 p.

61 Pierre le Baud, chanoine, présente sa première histoire de Bretagne à Jean de Château-Giron. Belle p., par C.-S. Duflos.

62 Découverte du Nouveau-Monde, emblème par Galle, d'ap. Stradan. — Christophe Colomb, par Mercuri et autres, 3. Améric Vespuce, 4. — Tombeau de Ferdinand V le Catholique. 9 p.

63 **Louis XII**. En buste, pied, sur son trône. Son tombeau à St-Denis. 12 p.

64 Charles, duc d'Orléans, poëte. Son père. Ep. avant la lettre, par T. Caron; retouchée à la sépia, par Deveria et autres. 4 p.

65 **Jeanne de Valois**, femme de Louis XII. In-8, par Picquet. Rare. — Agenouillée devant la Vierge, par J. Picart. Rare. — Ste Jeanne, etc., 5 p.

66 Caillette, fou de Louis XII. — Marie d'Angleterre, troisième femme de Louis XII. — **Anne de Boulen**, sa fille d'honneur, 3. — En tout, 4 p.

67 Charles d'Amboise, 2. — Georges d'Amboise. Aquarelle et autres, bustes et pied. Gal. Cardinal, 11. — Son tombeau. — Château-Gaillon. Ciartres ex., etc. 16 p.

68 Borgia Alexandre VI, 2. — César Borgia, 4. — Lucrèce Borgia, par Sadeler. In-fol. 7 p.

69 Fleurange, par Riffault. — Robert Delamarck, — Gaston de Foix. Buste et pied, 6. — Gonzalve de Cordoue. — Jules II, pape. — Legendre. — Machiavel, 7. — Nemours. — Philibert II de Savoie, 2. — Louis Sforce, 2. Maximilien Sforce. — Robert Stuart d'Aubigny. — Trivulce. 26 p.

70 Clémence de Louis XII. Batailles de Bayard, prise des forts des Génois. Chapelle du Château de Nantes. 7 p.

RÈGNE DE FRANÇOIS Ier

71 **François Ier**, par Montagne, d'ap. Janet. R. D. V. 311-23. Très-belle ép. Marge.

72 — D'ap. Titien, par E. Petit. In-fol. Toute marge.

73 — D'ap. Titien, par Leroux. Ep. chine avant la lettre.

74 **François I**er, par Riffault, pour la col. Niel.

75 — Le même, avec autographe et signature *Niel*.

76 — P. de Jode. Moncornet et autres. Bustes et pieds, anciens et modernes. Tombeau, etc. 18 p.

77 — Louise de Savoie, sa mère, 3.— Ses femmes : Claude de France, 5. Eléonore d'Autriche, en veuve. Moncornet et autre, 2. — François III, duc de Bretagne son fils, 2. 12 p.

78 La Royne Claude. — La Royne Helyonneur. 2 p., par Riffaut, pour la col. Niel.

79 Marguerite d'Angoulême, reine de Navarre. 2 port. In-fol., par Riffaut, pour la col. Niel.

80 Marguerite de Valois, sœur de François Ier, reine de Navarre, 10. — Henri d'Albret. 11 p.

81 Comtesse de Châteaubriand. Aquarelle. In-4.

82 Mme de Chasteaubriand, par Riffaut. In-fol.

83 Françoise de Foix, comtesse de Chateaubriant, en pied, en couleur, par Gatine; sa chambre à coucher, le château, par Asselineau, tiré à 15 ép. sur chine. Vignette. 4 p.

84 Anne de Pisseleu, duchesse d'Etampes, 4. — La Belle Ferronière. 3. — Triboulet, et vignette. 9 p.

85 **Bayart**, par Jaspar Isac. Buste. In-4. Très-belle ép. Rare.

86 Alciat. — Bayard, par Demarcenay et autres, 3. — Bellay (Guillaume du), 3. — Jean. — Martin. — Bonnivet, 2. — Charles de Bourbon, connétable, par P. de Jode, etc., 3. — Fr. de Bourbon, comte d'Enghien, 2. — Comte de Brienne, en pied. — Guil. Budé, 4. — Chabannes-Lapalisse. — Philippe de Chabot, de Thevet, etc., 2. En tout, 24 p.

87 André Doria. In-8, par Crispin de Pass. Rare. — Et autres, 4. — Duprat, cardinal chancelier, Moncornet et autres, 3. — Lautrec (Odet de Foix), par Riffaut et autres, 3. — Léon X, d'ap. Raphaël, 2. — Ferdinand Magalon. Allégorie. — Clément Marot, René Boivin, Debrie, etc., 3. — Nemours. — Paul III, par Hulsius. — Scène avec H. Farnèse, par Prenner. — Rabelais, par Sarrabat. In-4, et autres anciens et modernes, 8. — Sancerre, à cheval, 2. — Villiers de l'Ile-Adam, Cars et autres, 3. En tout 32 p.

88 Philibert Delorme, 3. — Jean Goujon, 2. — St-Louis. Dessin à la plume, lavé à l'encre, attribué à J. Goujon, de la col. Robelot. — Primatice, 3. — Léonard de Vinci, 3. En tout, 12 p.

89 Luther, par Grimm, d'ap. Cranach et autres. Bustes et pied. 9 p.

90 Melancthon, par Grimm. — En pied, en bois, par Lucas Cranach, avec texte au verso. 2 p.

91 Entrevue de François Ier et d'Henri VIII, au camp du Drap d'or. 3 feuilles formant 5 frises, tiré de Montfaucon.

92 **Pièces historiques** François 1er et sa cour; il sort des prisons de Madrid. Mort de Léonard de Vinci, 2. Jacques Cartier. André Doria. Siège de Rhodes. Marignan. États-Généraux de Tours. Caricatures sur les Huguenots, 2. En tout, 12 p.

93 **Vues** du vieux Louvre. Fontainebleau, 4. Chambord. Château de Madrid, par de Boissieu, ancienne ép.; par Saugrain, d'ap. Moreau et autre, 3. — Rambouillet, par Aveline, etc., 2. En tout 11 p.

SOUVERAINS ÉTRANGERS

Adversaires ou alliés de François 1er, Charles Quint
et sa famille.

94 **Charles-Quint**, 1548. In-4. Rare. — En pied, en bois. — Garavaglia et autres. 5 p.

95 — Très-petit, par Virgile Solis, 1549. Très-rare.

96 — A cheval, par Crispin de Pass. In-4.

97 — A mi-corps. In-fol. Rubens, d'ap. Titien.

98 — In fol. avec décoration d'architecture, entouré de figures allégoriques, par N. de la Casa.

99 — In-fol., par Sompel, avec marge.

100 — Don Juan d'Autriche son fils. Moncornet et autres, 4. — Philippe-le-Bel, roi d'Espagne, son père, 2. — Marguerite d'Autriche. — Marie d'Autriche, sa sœur. — Adrien VI, son précepteur, 2. — Marg. Vaügeest. — Charles-Quint et sa famille, visitant St-Denis avec François 1er, par Sisco avant la lettre, etc., 5. En tout, 16 p.

101 Henri VIII. In-4. Manière noire et autre, 2. — Th. Morus. — Th. Wolsey, 3. — Kratzer. — Henri VIII et ses femmes. Son divorce, 8.

102 Femmes d'Henri VIII. 6 port. sur la même feuille. — Femmes célèbres d'Angleterre. 6 par feuilles. En tout, 3 feuilles.

RÈGNE DE HENRI II

103 **Henri II**, cuirassé à mi-corps, dirigé à gauche. René Boivin, 1580. Rogné à l'intérieur du cadre. Rare.

104 **Henri II**. Même portrait, dirigé à droite, dans un encadrement élégant, enrichi d'arcs, de croissants et surmonté d'une H couronnée. Très-beau portrait. Très-rare.

105 **Henry second**, par Morin, d'ap. Janet. R. D., 59. Très-belle ép. In-fol. Marge.

106 — Portrait équestre, par Tempeste, statue. In-fol.

107 — Buste dans un encadrement, orné de figures allégoriques. In-fol , par Nicolas Beatricet.

108 — Par Riffaut pour Niel, 2 port. différents.

109 Anonyme, genre de L. Gaultier, P. de Jode, Audran, Larmessin, etc. 8 p.

110 **Marie Ier Tudor**. In-fol., par Vasquez, Guntz et autres, 6. — Jeanne Grey. En tout, 7 p.

111 **Elisabeth de Valois**. In-fol., gravé à Madrid, par Petrus à Villa-Franca, en 1645. Très-rare, et autres. 5 p.

112 **Diane de Poitiers**. Aquarelle, d'ap. le dessin à la Bibliothèque. — La grande Sénéchale, par Riffaut et autres, 7. — Louis de Brezé. — Diane de France, duchesse d'Angoulême, par Riffaut et autres, 3. — Don Carlos. En tout, 12 p.

113 Albe (duc d'), par P. de Jode, Guntz, etc., 5. — Calvin, Crepy et autres, 5. — Caricature sur Calvin — Charles de Cossé, port. et sujet. — J. Vander Does. — La Moral comte d'Egmont, 3. — Ferdinand Ier, 3. — Cardinal de Grandvelle. En tout, 21 p.

114 Anne d'Est, duchesse de Guise, par Riffaut pour Niel.

115 **Guise** (François de Lorraine, duc de). Aquarelle. — Poltrot, à l'encre de chine, 2 dessins. In-8. Marges. In-4.

116 François de Guise. In fol., en pied. Gal. Cardinal et autres, 7. — Lenoncourt. — Mansfeldt, P. de Jode, Kilian et autres, 4. — Marie d'Autriche, Moncornet. Marge. — Montgommery, 2. — Anne de Montmorency. Gal. Cardinal et autres, 5. — Madeleine de Savoie. — Guillaume de Montmorency. — F. Olivier. — Ph. Emmanuel de Savoie. En bois, profil. Très-rare, etc., 3. En tout, 26 p.

117 **Philippe II**. In-fol., par C. Vischer. 2 port. différents. Comte de Hollande et roi d'Espagne. Grande
marge.

118 — Par Th. Delen. Grande marge. — Vertue, Moncornet et autres, 9. — Statue allégorique et satirique.
In fol. 10 p.

119 **Pièces historiques**. Sujet allégorique aux amours
d'Henri II et Diane de Poitiers. Chasseurs apportant
des présents au Roy, par *Jean Duvet*. Pièce rare.

120 Poltrot blessant François de Guise. — Exécution de
Poltrot, noir et couleur. — Massacre de Vassy, couleur. 4 p., tirées des Guerres de la Fronde. Petit
in-fol.

121 Château d'Ecouën. Silvestre et Merian, 2. — Plan de
Metz. — Tournoi d'Henri II et autres. En tout, 7 p.

122 Siége de Harlem, par *Decker*. In-fol.

123 La Tyrannie du duc d'Albe en Flandre, par Vennius.
Grande pièce. Très-rare et curieuse, avec les noms des
personnages au bas.

124 Anne Dubourg.— La Mercuriale où il dit, en présence
d'Henri II, qu'il faut bien entendre la cause des Héré-
tiques avant de les condamner. 2 p.

125 **François II** enfant, et roi de France. 2 p., par
Riffaut.

126 — Par Larmessin, buste et pied. 6 p. — Michel
de l'Hôpital, chancelier. Sergent et autres, 3. En
tout, 9 p.

CONSPIRATION D'AMBOISE

127 **Catherine de Médicis**. In-4, par *Granthome*. Joli
portrait du temps. Rare.

128 — In-4, par Nicolo Nelli, 1567. De profil dans un encadrement. Très-belle ép. Rare.

129 — Jeune et en veuve. 2 port., par Riffaut pour Niel.

130 — En buste et pied, 6 différents.

131 Baronne de Sauve. — Mad. de Simier, 1589. Filles d'honneur de Catherine de Médicis. 2 port., par Riffaut.

132 **Alençon** (François d'), par P. de Jode, Guntz, Sichem, Riffaut et autres. 8 port.

133 Birague, 2. — Louis Ier de Condé. — Bussy d'Amboise. — Clément VII, 3. — Henri de Gondi, cardinal de Retz. Daret. Marge. — Henri de Gondi, duc de Retz. — Albert de Gondi, 3. — Ramus. — Scevole de Ste-Marthe. Edelinck. Habert, 2. — Tavannes. En tout, 16 p.

134 **Montpensier** (Louis II de Bourbon). Aquarelle. In-4, d'ap. le dessin de la Bibliothèque royale.

135 **Pièces historiques**. Conférence avec le cardinal de Lorraine. La Renaudie. Mort de la Renaudie. Exécution à Amboise, noir et colorié du temps. Mort du prince de Condé. Château d'Amboise, 3. Ville de Meaux. Monceaux, 2. Château des Tuileries, par Silvestre. 5 grandes p. En tout, 17 p.

136 Vue du Tertre où fut tué le prince de Condé, par Montesquiou, à la bataille de Jarnac. Aquarelle, par C. *Thienon*, offert à M. le docteur Rossi.

RÈGNE DE CHARLES IX

137 **Charles IX**, par Riffaut. 2 port. différents.

138 — Par P. de Jode, Larmessin. Buste et pied, 4. — Elisabeth d'Autriche, par Riffaut, etc., 2. — 6 p.

139 Adam (Charles), secrétaire de Charles IX. — Pierre Hamon, son professeur d'écriture. 2 port. dessinés à la plume, par un calligraphe.

140 **Adrets** (François de Beaumont, baron des), chef des Hugnenots.

141 **Beze** (Théodore de). Ancien portrait entouré de quatre médaillons allégoriques. Rare. — Assis dans son intérieur. — Faber. In-4 et autre, 4.

142 **Coligny** (Gaspard de). 2 portraits différents, par Riffaut.

143 — Avant la lettre avec signature autographe *Niel*.

144 — Vangelisty et autres, 3. — Odet de Coligny. — Dandelot. — Gaspard III. — Visite de Charles IX. — Mort de Coligny. 8 p.

145 — Scènes de l'histoire de Coligny. 8 petites p., par Chodowiecki.

146 Cossé (Arthur de). — Maximilien II d'Allemagne, 3. — Marie d'Autriche. Moncornet. Marge. — Mathias. — Rodolphe II. — Montluc. — Ambroise Paré. In-4, par Ravenet, etc., 2. — Pierre Strozzi. — Philippe Strozzi, par Riffaut et Moncornet, 2. En tout. 13 p.

147 Colloque de Poissy, noir et couleur. — Massacre à Valence du gouverneur Mottegondrin. — Prise de Montbrison, par le baron des Adrets, noir et couleur. — Siège de Poitiers et vues de la ville, 4. — Bataille de Montcontour. In-fol. Très-rare. — Siége de St-Jean-d'Angély. 11 p.

148 Charles IX tirant sur le peuple. 3 p. Les Tours du Palais. Scènes de la St-Barthélemy. anciennes et modernes, avant la lettre. 5 p. En tout, 12 p.

149 Plan cavalier d'Orléans en 2 feuilles jointes, chez Hotot, imprimeur du Roy. Rare, avec explication et texte typographique autour.

150 **Perissin et Tortorel**. Tableaux des guerres. Massacres. Troubles et autres événements remarquables advenus en France, de 1559 à 1570. 40 pièces in-fol., exemplaire curieux colorié du temps. Le nº 4, Mort de

Henri II est en noir ; n° 10, Colloque de Poissy, 2⁰
planche; n° 11, Massacre de Vassy, en bois, non décrit;
n° 14, Massacre à Tours, en bois; n° 15, Prise de Montbrison, cuivre, très rare; n° 24, Duc de Guise blessé à
mort, cuivre, très-rare; n° 26, Exécution de Poltrot,
cuivre, très-rare; n° 28, Bataille à St-Denis, n° 29,
Rencontre des armées à Cognac, et 32 sont en bois.
Exemplaire avec marge. Rare.

RÈGNE DE HENRI III

151 **Henri III**. In-fol., par Jérôme Wierix.

152 — A mi-corps. C'est le frontispice de Thevet, in-
fol.

153 — In-fol. par Riffaut, pour Niel.

154 — Th. Deleu coupé en ovale, P. de Jode, Jacobsen,
Larmessin et autres. 7. — Louise de Lorraine. —
Amyot. 2. — Renée de Rieux-Châteauneuf. — Marie
de Clèves. — Gui du Faur de Pibrac, par Daret. En
tout, 13 p.

155 **Favoris d'Henri III :** Charles de Balzac d'Entragues. — Maugiron. — Quélus. — D'Espinay Saint-Luc.
— Timoléon d'Espinay Saint-Luc. — Saint-Mégrin. —
6 aquarelles. Grand in-8, marges; in-4. D'après les
déssins de la Bibliothèque.

156 — Balzac d'Entragues. — Anne de Joyeuse. — Maugiron. — De Quélus. — De Saint-Mégrin. 5 port. par
Riffaut, pour Niel.

157 — Anne de Joyeuse par Th. Deleu, Moncornet, etc. 5.
— Quélus. Eau-forte *fac simile*, in-8, marge in-4. —
6 p.

158. **A tous acords**, ancienne satire contre Henri III et autres. 3. — Mignon. — Officiers de la garde. — Cérémonie de l'ordre du Saint-Esprit, tiré de Montfaucon. 6 p.

159 **Sainte Ligue**. Catherine de Médicis chez un sorcier. — Jacques d'Albon maréchal de Saint-André. — Jean d'Aumont. — Barnabé Brisson. 2. — Charles, cardinal de Bourbon, par Th. Deleu. Grande marge. — Miger, avec titre ; Charles X Harrewyn et autre. 4. — En tout, 9 p.

160 **Clément** (Jacques). Dessin lavé à la sanguine, d'ap. l'original à la bibliothèque. Vision de J. Clément, etc. 3. — Assassinat d'Henri III par J. Clément, et son supplice. 5. En tout, 9 p.

161 **Guise** (Louis, cardinal de). 4. — Henri de Guise, le Balafré. 6. — Catherine de Clèves. — Catherine, duchesse de Montpensier. En tout, 13 p.

162 Assassinats du duc et du cardinal de Guise, à Blois. — Vues du château de Blois. 3. — Procession de la Ligue, tiré de Montfaucon et autres. 6. — Fontenay-le-Comte. Ruines de l'abbaye de Maillezais. En tout, 12 p.

163 Figure des États de la Ligue, par Harrewyn. Rare.

164 Gustave-Adolphe et deux Électeurs faisant serment de défendre la foi protestante. Pièce rare.

165 **Élisabeth**, reine d'Angleterre. Anciens portraits. In-4. Médaillon équarri. — Tenant le sceptre de la main droite et la Bible de la droite. — Tenant le sceptre de la main droite et la gauche sur la Bible. — Coiffée d'un chapeau. — Médaillon rond. — Par Vertue. — *Fac simile* par Watts, d'ap. Zuccaro. — Lodge galerie et autres. 15 p.

166 **Essex** (Robert d'Évreux, comte d'). 8. — Leicester, *fac simile* d'ap. Zuccaro. 4. — Henri Saville. — Sidney. Frontispice de l'histoire d'Angleterre. 15 p.

RÈGNE DES STUARTS

Et leur Famille.

167 **Darnley** (lord Henri), époux de Marie Stuart, Vertue, etc. 2 p. — François II et Marie Stuart, en regard ; face et revers d'une grande médaille ovale tirée du cabinet de M. Combrouse. — Darnley et Lenox. 4 p.

168 **Marie Stuart**, par Riffaut. 2 port. différents, in-fol.

169 — Th. Deleu, Moncornet, Guntz, Fessard et autres. 16 p. — Louise-Marie Stuart. 17 p.

170 Exécution de Marie Stuart, par *B. Picard*. Superbe ép. d'une jolie pièce.

171 — Le même sujet copié par Massard et autres. Scènes de l'abdication. 9 p.

172 **Jacques V**, père de Marie Stuart. — Madeleine de France. — Marie de Lorraine. — Comte de Murray. — 4 p.

173 Châteaux de Bothwel, Doune, Édimbourg, chapelle Saint-Antoine, porte à Stirling. 6 p. lithog. par Bonington.

174 Édimbourg, Leven, Stirling, Crookstone, Dunbar. 7 lithog. par divers. D'ap. Pernot.

PERSONNAGES

Qui ont influé sur la destinée de Marie Stuart.

175 Michel de Castelnau, in-4. Laroussière et Gaspar Isac. 2. — Hamilton, Guntz et autres. 3. — Thomas Howard. — Knox. — Morton. — Piercy. 2. En tout, 10 p.

POÈTES QUI ONT CÉLÉBRÉ MARIE STUART

176 Bourdeille de Brantome. 2. — Jodelle. 2. — Marot. —
Ronsard, petit bois rare et autres. 4. — Walter Scott.
4. — Scènes et châteaux d'Abbotsford. En tout, 16 p.

177 **Jacques VI** d'Écosse et Ier d'Angleterre, par Simon
de Pass. Ép. tirée d'une planche d'argent. — In-fol. manière noire, Smith. — Guntz. — J. Smith, 1721. Très-
beau. — Et autres. 10 p.

178 Jacques VI et sa femme en pied, avec arbre généalo-
gique.

179 Jacques VI et sa femme. 2 port. Buste. P. de Jode. —
Élisabeth Stuart, reine de Bohème. — Abbot. —
N. Bacon. — Buckingham. 3. — Th. Percy, auteur de
la conspiration des poudres. Pièces à trois compar-
timents. — Somerset. 3. En tout, 10 p.

RÈGNE DE CHARLES Ier, ROI D'ANGLETERRE,
Fils et successeur de Jacques Ier.

180 **Charles Ier**. In-4. Le Blond ex. très-beau.

181 — In-8. Savery d'ap. Van Dyck, coiffé d'un chapeau.

182 — Faber. In-4. B. Picart, Mynde, Vertue. In-fol. manière noire. Très-beau. D'ap. Van Dyck, Ciartres exc. A
genoux, très-petit, sur une planche d'argent (?), et
autres. 12 p.

183 — Son mariage. In-fol. Dupuis d'ap. Chéron. — Ses
Enfants, d'ap. Van Dyck. — Arrestation Joyce un pis-
tolet à la main avant et avec la lettre. 2. — Procès. —
Adieu à ses enfants, avant et avec la lettre. 3. — Son
supplice avant et avec. 3. — Tombeau. En tout,
11 p.

Cruy 2 6   Denneuil /5

184 — Supplice de Charles Ier, par *B. Picart*. Belle pièce, faisant le pendant de celui de Marie Stuart. — 2 lettre ornées, avec sujets historiques. 3 p.

185 **Henriette** de France, par Galle, Moncornet, Daret et autres. 8 p.

186 — Fuite d'Henriette en Hollande, en 3 feuilles, par P. Nolpe.

187 Jugement et exécution de lord Strafford. 2 p. par *Hollar*. Très-belles, marge. Rare.

188 Arundel (Th. Howard, comte d'), Vorsterman, etc 3. — Astley, par Gucht. — Blake, amiral. 2. — Bradshaw. — Buckingham, par Lebert, etc. 2. — Capel. 2. — Carnavon. 2. — Cavendish. 2. — Cowley. — Derby. 2. — Digby. 2. — Dorset. 2. — Essex, par B. Picart. 23 p.

189 **Fairfax** tenant la hache de la main droite et la tête de Charles Ier de la gauche. — Scène de la décapitation. 2 p. ovales, in-8. Très-belles, curieuses et très-rares

190 **Fairfax**. Médaillon ovale; au bas, l'épée brisant le sceptre, et la hache la couronne. Très-belle ép. Rare. In-4.

191 — Moncornet, Drevet; in-fol. Hulett. 3 p.

192 Falkland. 2. — Hamilton. — Herbert. — Holland. 2. — Hopton. 2. — Ben-Johnson. — Williams Keeper. 4. — Laud, par Audran et autres. Son procès, par Hollar. 5. — Lauderdale. 2. — Lindsey. 3. — Lisle. 2. — Lucas. 2. — En tout, 27 p.

193 Massey. — Montrose. 5. — Prynne. 3. — Richemont. — Rupert (prince), P. de Jode, Moncornet, Gibbon, Chambars. 9. — Selden. — Southampton. — Strafford et son secrétaire par Simonneau et autres. 5. — Ses enfants, lord Wentwort, lady Anne, lady Arabelle en pied; in-fol. par Vertue, d'ap. Van Dyck. — Tromp; in-fol. par Munnick-Huysen. — Wildman. — Worcester. En tout, 30 p.

PROTECTORAT

194 **Cromwell** (Olivier). In-fol., Drevet. In-4, Faber. In-fol., Vertue et autres. 11 p. — Cromwell, vice-régent. 12 p.

195 Cromwel dissolvant le Long-Parlement. In-fol. par Delaunay, avec explication. — Famille de Cromwell implorant la grâce de Charles Ier. In-8, Tavernier, d'ap. Johannot; avant la lettre chine et avec la lettre blanc. 3 p.

196 Créqui. — Richard Cromwell. 2. — Jean Hale. — John Hampden. In-fol., Audran et autres. 5. — Harrisson. — Ireton. 3. — Lambert. In-fol. Houbraken, Moncornet. 2. — Ludlow. — Milton, Faber et autres. 3. — Pym. 2. — Thurloe. — Vane. 4. — Waller. — En tout, 27 p.

RÈGNE DE CHARLES II D'ANGLETERRE

197 **Charles II** d'Angleterre, par Hollar, d'ap. Van Dyck.

198 — Par C. Van Dalen. In-fol. très-beau.

199 — In-fol. par Bouttats, d'ap. Lely.

200 — Drevet, Moncornet octogone, Lodge galerie et autres, à cheval, avec sa femme. 11 p.

201 — et sa femme sur le trône. In-fol. par Romyn de Hooghe.

202 Départ de Charles II de Hollande pour l'Angleterre. Grande pièce. Dancker.

203 Charles II rend visite aux États-Généraux, juin 1660. Jolie petite pièce par B. Picart.

204 Catherine de Portugal, épouse de Charles II. In-fol. par Faithorn. Remargée. | 10

205 Portsmouth (duchesse de). In-4, par Blooteling. Très-beau, et autre in-8. — 2 port. | 10

206 Arlington (Henri Bennet). In-fol., Houbraken. Très-beau. | 8

207 — Par Dean et autres. In-8 et in-4. 4. — Buckingham. 2. — Clarendon. 7. — Graham de Claverhouse. — Défilé de Killicrankie. — Finch. 2. — Lesley. — Monck. 5. — Arnold d'Albémarle. — Montague. 3. — Morice. — Rochester. 2. — Russel. 4. — Temple. 35 p. | 8

RÈGNE DE JACQUES II

208 **Jacques II**. In-8, par Édelinck. | 2

209 In-4, Habert; en pied, Arnoult, Valck, Smith. In-fol. Beau. En tout, 6 p. | 1

210 Anne Hyde. In-fol. par Simonneau. — Marie-Éléonore d'Este, par Audran. En pied, Bonnart. 3 p. | 2

211 Berwick, d'ap. Sergent et autres. 4. — Château. — Monmouth. In-4 et in-fol. — Château de Bothwell. 8 p. |

212 Argyle (Archibald). — Château de Campbell. — D'Argyle, par Bonington. — Talbot, duc de Tirconnel, Larmessin. — Locke in Tanje. Beau. Vertue; in-fol. — Lanzun. — Tourville, Larmessin et autres. 4. — En tout, 11 p. | 3

213 Château de Saint-Germain-en-Laye, Silvestre, Germain 1780, Van Marke et autres. 5 p. — Mort du général Wolf; in-4. — Les six évêques envoyés à la tour. — Vue de Dublin, etc. 9 p. | 4

RÈGNE DE MARIE ET GUILLAUME III

214 **Marie**. In-fol. Houbraken, beau ; Smith, Schenck, etc. 4 p.

215 — et Guillaume de Nassau, jeunes. 2 port. in-fol. entourés d'Amours, par Suyderhoef, 1643.

216 Marie et Guillaume III. 2 port. in-fol., manière noire, par Valck. Très-beaux.

217 **Guillaume III**, à cheval, par Gole. Très-beau. Smith, Guntz, Picart, Vermeulen, etc. 6 p. Sa mort. 7 p.

218 Médailles, avec sa femme. 7 p.

219 Entrée de Guillaume III à La Haye. 13 p. par Romyn de Hooghe.

220 Prise de Grave. Grande pièce par Romyn de Hooghe.

221 **Wit** (Corneille de). J. de Banc. Grand in-4. Beau. — Jean de Wit. In-4 Houbraken, Picart, etc. 3. — Médailles, etc. 5. — Massacre des frères de Wit, 20 août 1672. Très-belle p. de B. Picart. 10 p.

222 Gilbert Burnet. — Armand-Frédéric de Schomberg, à cheval. In-fol., par Smith et autres. 5. — En tout, 6 p.

223 Bataille de Boyne, par Hall d'ap. B. West.

RÈGNE D'ANNE D'ANGLETERRE

224 **Anne**, reine d'Angleterre. In-fol. Houbraken, Sheppard, etc. 3. — Georges de Danemark. 3. — 6 p.

225 — et Georges de Danemark. 2 port. in-fol. par **Smith**.

226. **Bolingbroke.** — Georges Byng. 2. — Malborough. In-fol. Houbraken, Wothuk, etc. 4. — Oxford. — Sunderland. — 9 p.

PRÉTENDANTS

Et personnages alliés ou qui ont servi leur cause.

227 **Tencin** (cardinal de). In-fol., par Will d'ap. Parrocel. Très-belle ép.

228 — In-4, par Will d'ap. Heilmann, etc. 2 p. Embrun. 3 vues. — Cumberland, colorié, et autre. 3. — Flora Macdonald par Greabach. — Henri-Bénoît Stuart, duc d'Yorck, en cardinal. Petit, etc. 3. — En tout, 12 p.

229 Thomas Belasise. — Orlandus Bridgeman Miles. — Spencer Compton. — Cottington. 2. — Coventry. — William Fines. — Bevil Greenvil. 2. — Hale. — Judge Littleton, à genoux. — Édouard Littleton. — Henri de Pembroke. In-fol., d'ap. Reynolds. — Ph. de Pembroke. — Th. Scot. — Slinsby. — Temple. — Warwick. 18 p.

230 **Jacques III.** In-4, P. Le Roi; in-fol., Chereau. 2. Beaux. — Argyle. 2. — Son tombeau. 5 p.

231 **Charles-Edouard Stuart** (comte d'Albany). In-fol., par Daullé. Sup. ép. avant la lettre.

232 — In-4, par Petit et autres. Manière noire, etc. 5 p.

233 **Albany** (Louise de Stolberg, comtesse d'), son épouse. Dessin in-8, mine de plomb, par Varin. — La gravure in-8, par Varin, avant la lettre, chine; par Read, d'ap. Humphry. 3 p.

234 **Alfieri**, son second mari. In-fol., par Toschi et Isac. Sup. ép. Chine.

235 — In-4, Cipriani. In-8, Anderloni, etc. 3.

RÈGNE DE HENRI IV

Roi de France et de Navarre.

236 Henri IV, roi de France et de Navarre. Grand in 4 *H.-W. Paulus Brachfeld ex.* Beau portrait. Très-rare. Collection du baron d'Henneville.

237 — Coiffé d'un chapeau. Th. Deleu d'ap. Quesnel. *Ce monarque françois, tout gravé de victoire.* In-4. Très-beau.

238 — En pied, cuirassé entre deux figures allégoriques. — Ses insignes de royauté, *Orbi lumen,* etc. 2 p., par Th. Deleu. Très-belles ép.

239 — A cheval, dirigé à droite, L. Gaultier, *Timebunt.* Très-belle ép. in-8.

240 — A cheval, dirigé à droite, anonyme. *Grand roi qui feut l'appuy de la France.* In-4. Très-grande marge. Sup. ép.

241 — Parallèles de César et d'Henri IV. Titre, L. Gaultier. 1609. — A cheval. Titre de l'histoire d'Henri le Grand. 1661.

242 — Jéhovah, avec le Paradis, Purgatoire et Enfer; au bas, à gauche, Henri IV et la reine à genoux. Derrière le pape, Th. Deleu. Jolie pièce curieuse.

243 — Tenant le bâton de commandement, la main gauche sur son casque. 1595. *Ætatis* 44. Dans le soubassement formé par le riche encadrement, se trouve le combat de Fontaine-Française. Superbe ép. Pièce grand in-4, très-rare. Col. d'Henneville.

244 — Par Th. Deleu. In-8. *Ce grand roi,* etc. Marge, avec Charlemagne. Bois. 1592. — Daret, Jacopsen, Larmessin. A cheval, par Turner, proof. et avec la lettre. Audouin, Schenker, etc. 18 p.

245 Henri IV et Marie de Médicis. — Armoiries. 2 petites p. par Sim. de Pass, tirées d'une planche d'argent.

246 — Uni par le diable à Marguerite de Valois. Dessin à la sanguine. Col. d'Henneville.

247 — Statue qui se trouvait à l'angle de la maison de Lies Bertas, à Marseille. — Statue de Lies Bertas, en pendant ; gravées par Ph. Giraud. 2 p. très-curieuses et rares. Sup. ép. Marge.

248 Naissance d'Henri IV, d'ap. Laffite, par Pfitzer. Ép. d'eau-forte et terminée avant la lettre. — Entrée d'Henri IV dans Paris, d'après Gérard, par Pfitzer. Eau-forte, avec les explications. 6 p.

249 Entrée d'Henri IV. Ép. chine, avant la lettre, par Pfitzer, avec explication.

250 Entrée d'Henri IV, d'ap. Cochin, Moreau, Gérard. 5 p.

251 Henri IV, à la porte Saint-Denis, regardant sortir la garnison espagnole. Pièce du temps, d'ap. Bollery, Jean Leclerc ex.

252 Trève entre les rois de France, Henri III et Henri IV de Navarre. — Batailles d'Aumale; — de Dieppe. — Autre, d'ap. Moreau, avant la lettre. — Le cheval de bronze; vue étendue de Paris, prise du Pont-Neuf, par Simonneau. — Obélisque de la place Dauphine. — La ville de Tours.) — Henri IV chez le meunier, d'ap. Moreau. 8 p. — Batailles et autres p. hist. tirées de Versailles. 9. Journée des Barricades. 1588. 2. En tout, 10 p.

253 Châteaux d'Arques. 5. — Conraze, en couleur. — Pau. 2. — Maison à Billiere, etc. 10 p.

FAMILLE D'HENRI IV

254 **Albret** (Henri II d'). — *Jeanne d'Albret*, par Schenker et autres. 5. — Conduisant son fils au tombeau de son père. d'ap. Lorimier. Grande composition. — Antoine de Bourbon. 5. En tout, 12 p.

255 Jeanne d'Albret et Antoine de Bourbon, par Riffaut.
2 port., tirés de Niel.

256 **Jana Alebreta Navarrorum regina**, etc. In-4.
Bordure représentant un cadre. Superbe ép. d'un charmant portrait du temps, Rabel ou autre. Extrêmement
rare.

MAITRESSES D'HENRI IV

257 **Marguerite de France**, première femme d'Henri IV,
par Riffaut et autres. 9 p.

258 **Gabrielle d'Estrées**. In-8, Th. Deleu. Marge.

259 — Aquarelle in-4, d'après le dessin de la Bibliothèque.

260 — In-fol. par Riffaut, pour Niel.

261 — Ficquet, Esnaut et Rapilly, etc. 6 p.

262 — Scènes d'Henri IV et Gabrielle, Eisen, Fosseyeux.
In-fol. -- Abbaye de Maubuisson. 3 p.

263 **Verneuil** (Catherine-Henriette de Balzac, marquise
de). Aquarelle, d'ap. le dessin de la Bibliothèque. In 4,
Th. Deleu. In-8, grande marge, Harrewyn. 8 p. — Jac-
queline, comtesse de Moret. 9 p.

264 **Henri de Bourbon duc de Verneuil**, évêque
de Metz. In 4, par Jaspar Isac. Très-beau et très-rare.
Moncornet. In-8. 2 p.

EXCOMUNICATION, ABJURATION, ABSOLUTION, ETC.

265 **Clément VIII**. Léonard Gaultier. 1601. In-8.
Dirigé à droite. Le même, dirigé à gauche. Grande
marge, etc. 4 p.

266 **Coeffeteau** (Nicolas). Édelinck; marge. Mellan.
Crispin de Pass, d'ap. Dumoustier. Rare. 3 portraits.
Petit in-fol.

267 **Cotton**, confesseur d'Henri IV. In-8, Herman Veyen ex. Rare, et autre. 2 p.

268 **Duperron**. Édelinck, Daret, Moncornet, etc. 4. — Grégoire XIV. 2. — Papire Masson, par J. Lubin. 7 p.

269 **Montaigne**. In-8, Ficquet. In-4, Chereau, Saint-Aubin. Sup. ép. Marge. Voyez, etc. 6. Château. 2. — 8 p.

270 D'**Ossat**, cardinal. In-4, Léon. Gaultier, Pelais, Édelinck, Thomassin, etc. 5 p.

271 **Pithou** (François). Édelinck, Van Schuppen. 2 p. Beaux.

272 **Sixte-Quint**. Léon. Gaultier, en petit, etc. 3. Abjuration et absolution. 2 pièces historiques. 5 p.

VOYAGE D'HENRI IV A NANTES

Pacification de la Bretagne, Mariage du duc de Vendôme, Édit de Nantes, Réception de l'Ambassade d'Élisabeth.

273 **Catherine de Bourbon**, par Crispin de Pass. In-8. Beau.

274 — Jean Leclerc ex. In-8. Marge.

275 — Aveline, en pied, etc. 3.

276 **Vues** d'Angers. 2 lithog. — Château de Chassay. Eau-forte et lithog. 2. — Nantes. Très-grande vue ancienne, en 4 feuilles jointes. Sans nom ni dates. — Blavet. 7 p.

277 **Vendôme** (César, duc de), en pied, âgé de quatre ans.

278 — Moncornet. 2 différents, in-8. Octogone, in-4. In-fol., Grignon. 4 p.

279 — et Françoise de Lorraine, sa femme. 2 p., par Daret. Très-beaux. Marge.

280 **Vendôme** (Louis de), duc de Mercœur. In-fol., par R. Nanteuil. R. D. 189. Très-belle ép.

281 **Mercœur** (Ph. Emmanuel, duc de). Le dernier ligueur. Petit in-fol., par H. Wierx. Très-belle ép.

282 — Par Siebmacher. 1er état. Rare. Moncornet et autres. 5. Louise de Lorraine, sa sœur. 3. En tout, 8 p.

283 **Louise de Lorraine**. In-8, Léon Gaultier, J. Leclerc ex. Belle marge.

284 — 2 portraits différents, par Riffaut.

PERSONNAGES

Se rattachant à l'histoire du duc de Mercœur.

285 Charles de Bourbon, Soissons, in-8. Th. Deleu, marge, et autres. 4. — Ph. Hurault de Cheverny. 4. — Rodolphe Ier. — Saint François de Sales. 3. En tout, 12 p.

286 **Rodolphe Ier**. Petit in-fol., par Sadeler, avec fig. allég.

287 — Par Sompel. In-fol.

NÉGOCIATEURS ET RÉDACTEURS DE L'ÉDIT DE NANTES

288 **Jeannin**. — Ph. Du Plessis Mornay. 4. — Schomberg. — De Thou, J. Lubin, etc. 3. En tout, 9 p.

289 **Thou** (Jacques-Auguste de). Morin, d'ap. Ferdinand. In-fol. Très-beau.

290 **Thou** (Christophe de). In-fol., Morin. Très-beau.

291 **Édit de Nantes**. Composition par Luyken. In-fol.

PERSONNAGES

Qui se rattachent au règne de Henri IV.

292 **Biron** (Charles de Gontaut). Portrait posé sur deux médaillons représentant son arrestation et sa décapitation, avec texte. Belle pièce. Rare. Grande marge.

293 — Aquarelle. La tête décapitée, d'ap. le dessin à la Biblioth.

294 Bellegarde. — Biron (Armand de Gontaut, duc de) : Daret, Moncornet. 2. — Charles de Gontaut-Biron. 3. — Choiseul-Praslin, Daret ; rare, etc. 3. — Charles II de Cossé-Brissac. 6. — François et Louis de Cossé. 2. — Château. — Crillon, Balechou, Janinet, etc. 6. — Élisabeth d'Angleterre, Jacobsen, etc. 2. — En tout, 26 p.

295 **Farnèse** (Alexandre). Jacobsen, etc. 2. — Prise de Valenciennes, Oestervelt, Zélande, Nuys, Grave, Caudebec, Steenberghen, Covenstein, pont Farnèse, siège d'Anvers. 11. — Son entrée triomphale à Paris, par Bouttats. Rare. En tout, 14 p.

296 Gaucher dit Scevole de Sainte-Marthe. — Achille de Harlay. In-fol., Van Meerlen, etc. 2. — Lanoue dit Bras de Fer. 5. — Claude de La Trémoille, Frosne. In-4. Sup. — Mayenne, Daret, Moncornet, etc. 4. — Nemours (Ch. Emmanuel). 2. — Quesnel, par Riffaut. Villars-Brancas. 2. — Vincent de Paul, Édelinck, etc. 4. En tout, 22 p.

297 **Nemours** (Henri de Savoye). In-8, Th. Deleu. Marge. Jean Lecler. 2 portraits.

298 **Sully**. In-4, par Jamont, d'ap. Hals. Ép. Chine.

299 — Demarcenay, Édelinck. Très-beau, et autres. 12 p. L'hôtel de Sully, à Paris. 2 vues, rondes, en couleur, d'ap. Sergent; et par Ransonnette, avant et avec la lettre. — Château de Villebon. 2. — 16 p.

ASSASSINAT D'HENRI IV

300 **Jean Chatel**, d'après l'original à la Bibliothèque. Dessin in-4. Lavé à la sanguine.

301 Pyramide de Jean Chatel, dressée devant la porte du palais, en 1597. 2 p. différentes.

3

302 **Espernon** (J. L. de Nogaret de la Valette, duc d'). In-8. Th. de Leu. Grande marge, et autres, 4p. — Lavardin, Moncornet, etc. En tout 6 p.

303 **Ravaillac**. Dessin lavé de sanguine. In-4.

304 — En pied. Christoffel Van Sichem.

305 — In-8, entouré d'attributs, tenant le couteau. Au bas: *Heu scelus! heu monstrum!* etc. Rare.

306 **Assassinat**. Pièce ancienne, avec 16 vers allemands. Très-rare, et autres petites Vignettes modernes. 3 p.

307 **Exécution de Ravaillac**. Pièce ancienne, avec 16 vers allemands. Du même artiste, et pour pendant à la précédente.

308 **Henry IV**. In-8, par C. de Mallery. *A Henri IIII, auguste roi de France*, etc. Très-beau et très-rare.

309 — En pied sur son trône, par Th. Deleu. Marge.

310 — Étant jeune, par Riffaut.

311 — Sur son lit de mort, par *Briot* d'après Quesnel. Cette belle pièce, très-rare et curieuse, a le coin du bas à droite restauré parfaitement.

312 Pourtraict du Sacre et couronnement de Marie de Médicis, à Saint-Denis, 13 mai 1610. Grande et très-belle pièce par *L. Gaultier*, 1610. Avec texte typographique autour. D'une grande rareté.

313 Statue équestre d'Henri IV sur la place du Pont-Neuf, par *P. Brissart*. Très-belle ép. in-fol. Rare.

314 Statue de bronze érigée à Saint-Jean-de-Latran, à Rome, en 1608. A l'eau-forte, par *J. Lemercier*. De la plus grande rareté. R. D. 2.

315 **Lemercier** (Jacques), architecte, par *Morin* d'après P. de Champagne. In-fol. Beau.

RÉGENCE DE MARIE DE MÉDICIS

316 **Marie de Médicis** tenant l'épée et la balance de la Justice, couverte d'un manteau fleurdelysé. Ép. tirée avec un cache tout autour.

317 — Représentant la Paix et l'Abondance. In-4, par *Formazeris.*

318 — En pied, en veuve. *L. Gaultier*, 1610. Avec quatre vers en typographie, au bas.

319 — In-8. Buste avec texte anglais. Très-rare.

320 — In-8. En travers, par Vertue ; entrée à Londres, au fond. Jolie pièce rare.

321 — In-fol. Van Sompel d'ap. Van Dyck. Sup. ép.

322 — In-fol. Gal. Cardinal, d'ap. Van Dyck par Pontius, Jacopsen, etc. 4 p.

323 Henri IV et ses deux femmes tiré de Montfaucon. — Avec Marie de Médicis. S. de Pass et autres. 4 p.

324. Mariage de François de Médicis et Jeanne d'Autriche. Gravé par P. Nolpe d'ap. *C. L. Moyaert inv.* Très-belle ép. grande marge.

325 Histoire du Mariage de Marie de Médicis. 7 pièces d'ap. Moyaert, par P. Nolpe.

326 Pièces de la Galerie du Luxembourg. Portraits de Rubens, F. de Médicis, Jeanne d'Autriche, le Temps découvre la Vérité, les Destinées de la Reine, Marie de Médicis en Minerve, et autres pièces. Allégories historiques de cette suite. Gravé par Audran, Duchange, Edelinck et autres. 22 p. Sup. ép. avant les n^{os}.

327 — La Reine s'enfuit de la ville de Blois. Rare ép. avant la lettre de la suite précédente. Gravé par Vermeulen.

PROTECTION DES ARTS SOUS LA RÉGENCE

328 **Vues** du Palais du Luxembourg. — Perelle chez Langlois, et autres. 6 p.

329 **Champagne** (Ph. de), par Oleszczynski et autres in-fol, in-8, 3. — J.-B. de Champagne. 4 p.

330 **Poussin** (N.). In-fol. Pesne, manière noire, par Perrot et autres. 3 p.

331 **Rubens**, par Posselwhite, etc. 3 p.

332 **Marie de Médicis**. Portrait de profil en bois, pièce attribuée à la Reyne, d'après la note manuscrite derrière l'épreuve qu'elle donna à Ph. de Champagne. Découpée et remargée.

333 **Berulle**. In-4. Michel Lasne, M. Van Lochom, J. Lubin. 3 p.

334 **Brulart** de Sillery. In-fol., M. Lasne? In-4, Daret, et in-8. 3 p.

335 Bellegarde, Moncornet, etc., 3. — Espernon (Jean-Louis de Lavalette, duc d'), L. Gaultier. In-8 grande marge, Moncornet, etc., 3. — Estrées (F.-Annibal d'), Daret, et autres, 3. — Charles de Lorraine, duc de Guise, 3, — Cardinal Larochefoucauld, in-fol., Michel Lasne, Daret, 2. — Card. Lavalette, 3. — Hercule de Rohan. Montbazon. — Jacques de Savoie. Nemours, 2. En tout, 20 p.

336 Traicté de la Paix, par l'heureux accord et amiable réconciliation du Roy avec sa mère, 13 pages, Poitiers, 1619. — Les Resveries de la Royne, 1620, 14 pages en vers.

337 **Vues** d'Angers, — Angoulème, 8. — Avignon, par Israel, etc., 3, — Blois, — Loches, 2, — Château du Pont de Cé. 16 p.

MARIE DE MÉDICIS A NANTES

338 **Nantes**. Vue en deux feuilles, par Collignon. Très-belle et rare.

339 — Très-grande Vue en 4 feuilles jointes dans le goût de Merian. Rare.

340 — Dessin à l'encre de Chine par Schellings, avant les bastions du duc de Mercœur.

ARRESTATION DU PRINCE DE CONDÉ

341 **Condé** (Henri II de). Léonard Gaultier, 1612. Sup. ép. in-8. Marge.

342 — P. de Jode, Daret, etc., 4. — Avec sa femme, tiré de Monfaucon. — Ch. Marguerite de Montmorency, par Moncornet et autres, 4. — François, duc de la Rochefoucault, par Gaucher, Bertonnier ; avant la lettre, etc., 3. En tout, 12 p.

343 **Le Jay** (Nicolas). In-8. Michel Lasne, Moncornet. 2 portraits très-beaux. — Themines, 2. — Vue du Louvre, 2. — Vues de Bordeaux, 2. — La Journée des dupes, 2. — Compiègne, 3 vues. En tout, 13 p.

344 **États généraux** de Paris après la mort d'Henri IV. Très-belle pièce très-curieuse, gravée par *Halbeeck* et d'une grande rareté.

VOYAGE DE MARIE DE MÉDICIS EN PAYS-BAS

345 Histoire curieuse de tout ce qui s'est passé à l'entrée de la Reine mère (Marie de Médicis) dans les Pays-Bas. 5 très-belles pièces, par Galle et Paulus.

346 **Albert**, archiduc, Moncornet. — En pied, avec Isabelle, par Van Sichem. — Mausolée d'Isabelle Claire-Eugénie. 4 p. et 4 portraits. En tout, 10 p.

347 **Isabelle-Claire-Eugénie**, par Van Sompel. In-fol. d'ap. Van Dyck. Belle ép.

348 Entrée de Marie de Médicis dans Amsterdam, en 10 p. dont le portrait en pied. Très-belles pièces d'après Moyaert.

349 L'Arrivée de Marie de Médicis annoncée aux quatre bourguemestres. Gravé par Suyderhoef.

350 Histoire de l'Entrée de Marie de Médicis dans la Grande-Bretagne. 14 p. curieuses et très-belles.

351 Charles Ier et Henriette de France. 2 portraits in-4, par Galle.

352 Mort de Marie de Médicis. — Vue de Cologne. 2 pièces rares.

353 Ancre (Maréchal d'). Dessin à la mine de plomb, in-4. Moncornet, très-beau. Rare. Aubert et autres, 4. — Léonora Galigaï, sa femme, par François et autres, 3. — Sa Condamnation. En tout 8 p.

354 Procès du maréchal d'Ancre. 6 scènes, depuis son assassinat, et les atrocités commises sur son cadavre; sur la même feuille. Pièce rare.

355 Jeannin, par Nanteuil, Jac. Lubin, 2, — Nicolas de Neuville de Villeroy, par M. Lasne. — Nicolas de l'Hopital de Vitry, par Daret, Moncornet, etc., 4. En tout, 7 pièces.

356 Capitulation de la Rochelle. Pièce rare, par Tavernier d'ap. Ab. Bosse. Louis XIII, entouré de sa cour, reçoit les envoyés.

357 Triomphante réception du Roi à Paris après la réduction de La Rochelle. 16 planches de machines, arcs de triomphe, etc., et la dédicace. Très-belles ép.

CHEFS PROTESTANTS EN FRANCE SOUS LOUIS XIII

358 Rohan (Anne, princesse de Guéménée). Poilly. In-fol., Moncornet, etc., 4, — Benjamin de Rohan, 2. — Henri de Rohan, Frosne, etc., 4. — Tombeau. — Marguerite de Rohan. — Marguerite de Béthune. — Tancrède de Rohan. — Vues de Blavet. — Château de Niort de Châtillon. — Catherine de Parthenay. — La Ville. — Château. En tout, 19 p.

GUERRE ÉTRANGÈRE

o **359** Barnevelt. Guil. et Jean Olden, 3. — Son Supplice. Belle pièce, par B. Picart. 4 p.

o **360** Frédéric-Henri, prince d'Orange, Daret, etc. 3. — Sa Mort. Belle p. par Van Dalen, avec les noms des personnes qui l'entourent, Maurice de Nassau, 5 p.

o **361 Savoie** (Charles Emmanuel Ier, duc de), 4, dont un curieux par Laurus, et autre à cheval par Sadeler. — Cath. d'Autriche, sa femme. — Victor Amédée Ier à cheval, etc., 3. — Christine de France. Frosne très-beau, et autre, in-4, 2. — Marguerite-Yolande et Adélaïde, 2 p. par Frosne. 12 portraits.

o **362 Ferdinand II et III**, empereurs d'Allemagne, par Sompel, in-fol., et autres, 4. — Léopold. 5 p.

o **363** Gonzague de Nevers, 2. — Grotius, 3. — Gustave Wasa, Adolphe, 4, — Guzman. — Oxenstiern, 4. — Saxe-Weimar, 3. En tout, 17 p.

GÉNÉRAUX-FRANÇAIS

o **364** Louis de Bourbon-Soissons, 3. — Sa Mort. — Gaspard III de Coligny. — Gaspard IV, 3. — Angélique de Montmorency sa femme. Moncornet. — François d'Est, 2. — Fabert, par Daullé. In-8 avant la lettre, Edelinck, etc., 5. 16 p.

o **365** Feuquières. — Ant. de Grammont, Daret, Edelinck, 2. — Guébriant, 4. — Henri d'Harcourt, Daret, Edelinck, Ficquet, Humblot, etc., 6. — F. de l'Hopital. — Henri de Senoterre. — Caumont de la Force, 2. — Philippe de La Motte-Houdancourt, 4. En tout, 21 p.

366 Lamotte-Houdancourt (Mme de). In-fol. Poilly.

367 **Lavalette**, cardinal, 2. — Bernard de Nogaret, par Riffaut, Daret, Moncornet, 4. — Maillé-Brezé, 2. — Rantzau Josias, 3, — Ch de Schomberg, par J. Picart. In-fol., et autres, 5. — Sourdis. J. Picart, etc., 2. En tout, 19 p.

368 Gassion, Edelinck, etc, 2. — Crequy, 2. — Sa mort. — Lesdiguières, par Th. de Leu, Daret, etc., 4. En tout, 9 p.

369 **Vues** de Grenoble, Château de Lesdiguières, par Silvestre, etc. 8 p.

GÉNÉRAUX ÉTRANGERS

370 Coloredo. — Comte de Gallas. — Moncade. — Octave Piccolomini. Galle, in 4, et Moncornet, 2. — Th. de Savoie. — Spinola. 7. Plusieurs très-beaux. — Tilly à cheval, Lucas Kilian ; très-petit. Rare, et autres, 3. — Wallenstein, 3, — Weert, 2. En tout, 21 p.

RÈGNE DE LOUIS XIII

371 **Louis XIII** roi, jeune, manteau et couronne. In-4. *Léonard Gaultier.* Très-belle ép. Marge.

372 — *L. Gaultier.* 1621. In-4 en travers entouré de fleurs. A cheval, même date. In-8. 2 p.

373 — A cheval au galop, *I. Picart,* couronné par un ange.

374 — Buste dans une niche, à cheval, titre du 13e tome du Mercure français. 2 p. in-8 par *J. Picart.*

375 — En Hercule, par *Ab. Bosse.* Sup. ép. in-fol.

376 — In-fol. *Morin* d'ap. Ph. Champaigne. Belle ép. Trèsgrande marge.

377 — Daret, in-4 carré, 1643. Rare. Daret, ovale ; Larmessin, Kieser. A cheval. Autre, Jacobsen, Kilian, etc. 8 p.

378 Les Amours de Louis XIII et d'Anne d'Autriche, sous les noms de Jupiter et de Junon, d'ap. *Rabel* par Michel Lasne, David, Lochon, Picart, etc. Cette rare et précieuse suite de 28 p. contient les portraits par M. Lasne et la pièce de Rabel peignant Anne d'Autriche, qui s'est vendue seule 30 fr., vente du baron d'Henneville.

379 **Sacre de Louis XIII** à Reims. *Firens.*, 1610, d'ap. Quesnel. Très-belle pièce, très-rare.

380 Louis XIII agenouillé aux pieds du Christ, *Ab. Bosse.* Ép. avec marge.

381 Les vœux du Roi et de la Reine à la Vierge, par *Ab. Bosse.*

382 La Joie de la France, par *Ab. Bosse.* Belle pièce historique.

383 Les Forces de la France sous le règne de Louis le Juste, Louis XIII et Gaston en avant de l'armée. Superbe ép. avec marge, par *Ab. Bosse.*

384 Préparation du soldat chrétien au combat spirituel. Très-belle ép. Allégorie par *Ab. Bosse.*

385 Titre des Guerres civiles de Davila, par Huret. Henri IV et Louis XIII sont couronnés par la Victoire.

386 Titre de l'Empire français, par *Turquoys.* Pièce rare. Henri IV, Louis XIII, et Louis XIV enfant.

387 Neptune se soumettant à Louis XIII. — Vulcain lui forgeant des armes. — Sa mort. 3 p.

PERSONNAGES ATTACHÉS A LOUIS XIII

388 Duc de Chaulnes, 2 — Charlotte d'Ailly son épouse. — L'Angely, fou de Louis XIII. — Louise Bourgeois. — Mlle de Lafayette, 2. — Nicolas le Fèvre, Edelinck et autres, 2. — Charles, duc de Luynes, 3. — Louis Charles. — Jacques Sirmond, Vermeulen, Lubin, etc., 3 p. — Simon Vouet, 5. En tout, 21 p.

389 **Richelieu** (Alphonse-Louis Duplessis de), frère ainé du Cardinal ministre, Frosne, Mellan, 2 p.

390 **Richelieu** (Armand Jean-Duplessis, cardinal, duc de). *G. Faithorne.* In-4. Rare.

391 — In-fol. *Morin* d'ap. Champagne. Très-beau. Marge.

392 — In-fol. *Nanteuil* d'ap. Champagne. Rare.

393 — Aquarelle de Sergent. In-4.

394 — J. Lubin, B. Picart, Pannier et autres, 10 p.

395 Épitaphe du tombeau de Richelieu. — Cathédrale de Luçon. — Cartes, Plans et Vues du château de Richelieu, par Silvestre et autres, 10. — Lemercier, architecte qui bâtit le château en Poitou. 13 p.

VICTIMES DE RICHELIEU

396 Charles de Laubespine, 2. — Guillaume. — Marie de la Chastre, sa femme. — Bassompierre. In-fol. Michel Lasne et autres, 5. — Claude de Bullion, 2. — Louis de Marillac, 3. En tout, 14 p.

397 **Cinq-Mars**. Dugoure, Daret, etc., 4. — Scènes historiques, 4. — Vues anciennes de Lyon, 3. — Ruzé, marquis d'Effiat. Son père, 2. — 13 p.

398 **Montbason** (Hercule de Rohan), 2. — Marie de Bretagne, sa femme. 4. — Marie de Rohan, duchesse de **Chevreuse**, 5 p. — Claude de Lorraine, son époux, 3. — Charlotte-Marie de Lorraine. — Hôtel de Chevreuse, à Paris. 16 p.

399 **Masaniello**. Pourtrait au naturel du chef des soulevés, envoyé de Naples, en pied, très-rare. Tête de profil, par Labelle, et autres, 4. — Henri II de Lorraine, duc de Guise, 2. — Naples. — Henri II de Montmorency, in-4. Gasnière. Ex. rare et autres, 6. — Le Général magnanime. — Ville de Toulouse du temps. — Ornano, 2. En tout, 17 p.

400 Urbain Grandier. Dessin à la mine de plomb, in-4.
Il est exposé enchaîné à un poteau.
— Faisant amende honorable sur les marches de l'é-
glise. Peint et gravé à l'eau-forte par Jouy, 1839. Très-
rare. N'ayant été tiré qu'à un petit nombre.
— Son Procès, par Laubardemont. 3 p. historiques.

PERSONNAGES MARQUANTS SOUS RICHELIEU
Savants, Académiciens, etc.

401 Aiguillon (Marie - Madeleine de Vignerod, duchesse d'). Moncornet, rare, très-beau et autres, 2. — Gabriel de l'Aubespine, évêque d'Orléans, Daret. — Balzac, 2. — Samuel Bochard. Van Schuppen. Toute
marge. — Claude le Bouthillier. — Léon le Bouthillier,
par Nanteuil. — F. de Montmorency-Bouteville. Moncornet, rare. — Camus. — Denise Camusat. In-4. Trouvain. Marge. — Jean Chapelain. Dessin in-8 à l'encre
de Chine, Nanteuil et autres, 4. En tout 15 p.

402 Conrart (Valentin). In-fol. par *Cossin*. Très-rare ép.
Les mains blanches.

403 Conrart, — Cospéan, 4. — Pierre Corneille, J. Lubin
et autres, 6. En tout 11 p.

404 Corneille (Pierre). In-fol. par *Cossin* d'ap. Sicre.
Sup. ép. avant le nom.

405 — In-fol. par *Guil. Vallet* d'ap. Paillet *ad vivum*, 1663.
Très-beau.

406 Corneille (Thomas). In-fol., Thomassin, 1708.

407 Christine de Suède, Lombard, Daret, Tardieu, 3. —
Écoutant Descartes. — Descartes, par Ficquet, Edelinck, Lubin, Alix, et autres. Son Tombeau, 12 p. En
tout 16 p.

408 Descartes. Aquarelle, de Sergent.

409 — In-fol. par Dalen.

410 **Desmarest de Saint-Sorlin**. Dessin à l'encre, in-8.

411 Dumoulin. — Duvair, in-4. Ciartres, ex. très-beau et autre, 2. — Joseph du Tremblay, Mellan, Noblin, P. de Jode. Aubry, 4. — Jacques Lescot, évêque de Chartres. Dessin à la pierre noire, in-4 d'après celui de la Bibliothèque, 8 p.

412 Malherbe, Briot, Daret, Lubin, 3. — Maison à Caen, où est né Malherbe, lithog. de Jolimont. — P. de Marca, Edelinck, très-beau, Van Schuppen, 2. — F.-Th. de Nesmond, Daret, Lenfant, 2. — Denis Petau. — Pierre Ier, son Monument, etc. 3. En tout 12 p.

413 Paul Phelipaux de Pontchartrain. Edelinck très-beau, etc., 2. — N. Rigaltius, Edelinck. — Rossignol. Rotrou, 2. — Saint-Amant. Très-petit, rare. — Sarrasin. — Servin, Th. de Leu, etc. 2. — Sublet. — Urfé. — Vaugelas, 3. En tout, 15 p.

414 **Voiture**, *Nanteuil*. Très-belle épreuve, Lubin, 2 p.

PROTESTANTISME

415 Charles de Valois, duc d'Angoulême, Ficquet, Daret, Moncornet, 4. — Ch. de Laporte-Lameilleraie, 3. — Claude de La Tremoille. — Henri de La Tremoille de Thouars, 2. — Marie de la Tour-d'Auvergne, son épouse. — Clément Métezeau, architecte, par M. Lasne. In-fol. avec la vue de Larochelle en bas. 12 p.

SIÉGE DE LA ROCHELLE

416 Buckingham. — Henri de Schomberg, Daret carré, rare, ovale et autres, 6. — Toiras, par Huret Daret, etc. 3. 10 p.

417 L'Escadre anglaise devant l'île de Ré, 1627. 4 dessins à la plume. Colorié du temps, très-curieux pour l'enfance de l'art.

418 **L'Ile d'Oléron.** — L'Ile et fort Saint-Martin de Ré, 2. — Combat de l'île de Ré. 1625. — Saint-Jean-d'Angely, 4. — Montauban. 9 p.

419 **Le Siége de La Rochelle**, en 6 feuilles, par *Callot*. Ancien et très-bel exemplaire sans les bordures.

420 Les gens du Roi repoussés devant La Rochelle. — Prise de La Rochelle. — Vues et Plans, par Châtillon, Tavernier, et autres. 18 p.

MARIAGE DE GASTON, PROCÈS DE CHALAIS

421 **Gaston d'Orléans.** In-fol. par Ragot et autres, 9 — Marie de Bourbon, sa première femme, 3. — Anne-Marie-Louise d'Orléans, sa fille. — Ancienne église des Minimes, bâtie par le duc de Mercœur, où Richelieu maria Gaston. Dessin à la plume. 14 p.

422 **Gaston** et Marguerite de Lorraine, 2 portraits par Vorsterman d'ap. Van Dyck.

423 — et Marguerite de Lorraine. In-fol. par Sompel. 2 p.

424 René, sieur de l'Espine, gentilhomme Croisiquais, premier domestique de Monsieur. In-4 par Daret. Très-rare.

425 Tristan l'Hermite, gentilhomme de La Marche, Daret.

426 **Chalais** (comte de) d'ap. Dugoure. — Marion-Delorme, 3. — Condren, par Boulanger, Mellan, etc., 3. — Ligneville. — Charles III et IV de Lorraine, 3. — Charles et Henri de Guise, 2. — Marillac, 3. — Henriette-Catherine de Joyeuse. — Ouverture des États de Bretagne. — Vues anciennes de Nantes, 2. 20 p.

427 **Charles IV** de Lorraine. In-fol. *Nanteuil.*

428 **Marillac** (Michel de). In-fol. *Morin* d'ap. Champagne. Très belle ép. Marge.

RÉGENCE D'ANNE D'AUTRICHE

429 **Anne d'Autriche.** *Morin* d'ap. Champagne, col. R. Duménil. Beau.

430 — Michel Lasne del., Vischer excud. In-fol. Beau. 1637.

431 — Vischer d'ap. Van Loo. In-fol.

432 — En pied, Ganière. In-fol. Rare.

433 Anne d'Autriche. In-fol., Sompel, Daret, Moncornet et autres. 10 p.

434 La France consolée, titre par *C. de Pass* pour un épithalame pour les noces de Louis XIII et d'Anne d'Autriche.

435 La Joie de la France, par Ab. Bosse.

436 Vœux de la Reine, Médailles de la chapelle des Loges, et autres. — Mausolée formé de cœurs. — Philippe III, père d'Anne d'Autriche, par Vischer, etc., 3. — Buckingham, 4. — Son Assassinat, 2. — Mme de Motteville. 12 p.

437 **Philippe III.** In-fol. par Suyderhoëf. Très-beau.

MAZARIN ET SA FAMILLE

438 **Mazarin,** cardinal. *Stuerhelst* d'ap. Champagne. Très-beau.

439 — Nanteuil, n°s 180-182 de R. D. 2 portraits in-fol. et autres. — Vive le roi, point de Mazarin ! — Cohon. — Emery Particelli. En tout 13 p.

440 **Mazarin** (Michaël) cardinal, frère du Ministre. Aquarelle in-8. Marge in-4.

441 **Mancini** (Hortense) d'ap. Lely, manière noire. In-fol.
— Stephani, in-fol. — Valck., in-fol., — et Fessard,
in-8. — Armand-Ch. de la Porte, duc de Mazarin. In-
fol., Roussel. — Marie Mancini. 6 p.

FRONDE

442 *La Fronde, en cet endroit, fit un coup merveilleux.* David
vainqueur de Goliath, pièce allégorique sur la Fronde
par *Ab. Bosse*, 1651. Superbe épreuve. Rare.

443 **Mercœur** (Louis de Vendôme, duc de). *Nanteuil*, in-
fol., R. D., 189. Très-beau.

444 **Lauzun.** Aquarelle in-8. Marge in-4.

445 Charles-Amédée de Savoie, duc de Nemours. — François de Vendôme, duc de Beaufort, à cheval, B. Moncornet. Rare. Moncornet octogone, Daret, etc., 6. —
Louis, duc de Vendôme. — Mlle de Montpensier, par
Poilly, en Pallas, Vermeulen in-fol., etc., 6. — Le chevalier de Lauzun d'ap. Devéria. — Porte Saint-Antoine
et la Bastille. — Pontoise. — Saint-Denis , 2. En tout,
19 p.

446 **Condé** (Louis II, prince de) dit le Grand Condé, Poilly
in-fol., étant jeune, Daret, Lubin, etc., 5. — Fuentès
battu à Rocroy. — Léopold battu à Lens. — Bataille de
Rocroy, 3. — Lens. — Senef. — Le Havre, 2. — Liége,
Vue cavalière. — Projet de l'Hôtel de Condé, 2 p. d'ap.
Peyre. En tout, 18 p.

447 Le Château de Vincennes. Au bas, scène de l'arrestation des princes de Condé, Conti, Longueville au Louvre, en 1650. Pièce très-curieuse publiée à Augsbourg,
en mars 1650.

448 Château de Rueil, par Israël Silvestre. Sup. ép. toute
marge, et autres, 3 p.

449 Portraits des châteaux royaux de Saint-Germain-en-Laye, Vue cavalière et dans toute son étendue. Sup. ép. petit in-fol. grande marge. Pièce du temps et très-rare. — Première et deuxième Vue du Château, du coté du nord. Gravé par Née, sur la même feuille, colorié. 3 p.

450 **Conti** (Armand de Bourbon, prince de). Grand in-8 par Boulanger, cah. R. Duménil, Daret, Larmessin, etc. 5. p.

451 — Et Anne-Marie Martinozzi, son épouse, 2 charmants portraits in-8 par Vangelisty, 1775-1776.

452 — (Armand de Bourbon). Enfant conduit par la France à la Sagesse. Belle p. allégorique par Huret.

453 **Longueville** (Henri d'Orléaus). In-8, *L. Gaultier*. Très-belle ép. Grande marge.

454 — In-fol. *Nanteuil*, d'un 1er état inconnu à R. D. Très-belle ép. Marge.

455 **Longueville**, comte de Dunois (J.-L.-Ch. d'Orléans). In-fol, *Nanteuil*, 1660. Très-belle ép.

456 Hocquincourt, Daret, etc, 3. — Martinozzi. — Longueville, Henri d'Orléans, 4. — Anne-Geneviève de Bourbon, duchesse de Longueville, Fillœul, Frosne, etc., 5. — Titre palatium Reginæ, la Duchesse et ses Frères. Belle p. allégorique, par Huret, etc. 15 p.

457 **Turenne**. In-8, Demarcenay. Avant toute lettre. Marge.

458 — In-8. Barbié, d'ap. Nanteuil. Sa mort au bas.

459 — Daret, Simonneau, Lubin, etc. 10 p. — César de Choiseul, 2. — Antoine d'Aumont, 4, ses vainqueurs. — Juan d'Autriche, en pied, cuirassé et autre, bataille navale contre les Turcs, 3. — 19 p.

460 Bataille de Rethel. — Siége d'Arras. — Vue et bataille de Dunkerque, 6. — Sintzheim, 2. — Turenne au bivouac et sa mort, 3. — 13 p.

FAMILLE DE TURENNE

461 Bouillon (Frédéric-Maurice de la Tour-d'Auvergne, duc de). *Nanteuil*, 1649. In-fol. R. D. 48.

462 — (Godefroy-Maurice), grand chambellan de France. *Nanteuil*, in-fol. R. D. 50.

463 Bouillon (Henri de la Tour-d'Auvergne, duc de). Son Père, 2. — Frédéric-Maurice, son Frère. — Emmannuel-Théodose, cardinal, par Masson, Mellan, etc., 3. — Louis, comte d'Évreux. — 7 p.

464 Retz (J.-F.-P. de Gondi, cardinal de). In-fol. Morin, d'ap. Champaigne. Sup. ép. Marge, cab. R. Duménil, Daret et autres, 5. — Le Cardinal et la Fronde. — J.-F. de Gondi, premier archev. de Paris. — Broussel (Pierre). In-fol., 1648. Très-beau, Moncornet, etc., 3. — Mathieu Molé, in-fol., Mellan, Daret, Moncornet, etc., 4. — Aux Barricades. — Omer Talon. — 16 p.

TRAITÉ DE PAIX

465 Entrevue de Louis XIV et de Philippe IV à l'île des Faisans, in-fol. Jeaurat, d'ap. Le Brun. Grande marge. Conférence. — Arrivée d'Anne d'Autriche et de Philippe IV. — 3 p.

466 Philippe IV. In-fol. Vischer et autres, 5. — Élisabeth de France. — Marie-Anne d'Autriche. — Georges Godart. — Don Louis de Haro, Gusman, 2. — Mariage de Louis XIV avec Marie-Thérèse. — Paix perpétuelle, allégorie, 12 p.

RÈGNE DE LOUIS XIV

467 Louis XIV, en maillot, le vrai pourtraict de Monseig. le dauphin. *Boudan ex.*, in-4. Rare.

4

468 **Louis XIV**, jeune, à cheval, Moncornet ex. In-4. .

469 — Sur un Char, traîné par deux lions ; charmante p. in-8, par *G. Édelinck*: c'est le frontispice des poésies de P. Larue. Superbe.

470 — En buste in-8., *Édelinck eques sculpsit*. In-8. Marge.

471 — Ludovico Magno, en Romain, assis. *Hainzelman*. In-4.

472 — In-8. *Landry*, couronné de lauriers.

473 — In-8. *Masson*, buste lauré, sur un piédouche. La seule ép. connue par M. R. Duménil. Rarissime.

474 — In-4, Vanschuppen. Très-belle ép.

475 — En pied, chez Berey.

476 — En pied, assis, d'ap. de Saint-Jean.

477 — En pied, chez Trouvain, coiffé d'un chapeau.

478 — En pied, chez Trouvain, en perruque. In-fol. Rare.

479 — Ludovicus Magnus, par Vermculen, d'ap. Gueslin, à mi-corps. In-fol. Très-beau.

480 — Dix Médaillons, depuis 5 ans jusqu'à 54 ans, par Simonneau, avant la lettre. Très-belle ép.

481 — Leclerc, Moncornet, entouré de fleurs, octogone ; à différents âges, Daret, Levy, Roger et autres. Bustes et pied. 17 p.

PIÉCES HISTORIQUES

Paix de Munster

482 **Munster**. Vue de la Ville, en 4 feuilles jointes et texte.

483 Publication de la paix de Munster, 1648, par Hollar. 1er état avec les cornes d'abondance entourant le cartouche. Sup. ép.

484 Les Portraits au naturel, avec armoiries et blasons des Plénipotentiaires, à Munster et Osnabruck, pour la Paix générale, 1648, et ceux de l'île des Faisans, 1659. — 34 portraits et titre.

485 Henri, duc de Longueville, Pontius. — Claude de Mesmes, comte d'Avaux, 5. — J. Antoine de Mesmes. — Abel Servient, 2. — Mazarin. — Gusman. — 11 p.

486 Sacre de Louis XIV, à Reims. Pièce allemande, etc. 2.

487 Louis XIV enfant, recevant les Échevins de la ville de Paris. Belle pièce, par *Mellan*.

488 Hommage des Prévosts de Paris à l'entrée du roi et de la reine, 1660. Belle pièce, par *Chauveau*. Marge.

489 Audience donnée par le roi de Siam au chevalier de Chaumont. — Les Ambassadeurs de Siam, 2. — Scène des Ambassadeurs, 2. — 5 p.

490 Le Flambeau du Juste, Louis XIV, enfant, allume son flambeau à celui de Louis XIII, en présence de Mazarin et de la Cour. Jolie pièce in-4, par *Huret*.

491 Le Ciel en sa faveur forma tant de grands hommes. Titre de Perraut, par Édelinck Très-belle ép.

492 Portraits et allégories. Médailles. 7 p. curieuses.

493 **Almanach**, 1659. La Flandre dépouillée des habits d'Espagne et revêtue à la française. Rare. Paris, chez *Regnesson*. In-fol.

494 Défaite de l'armée espagnole, près Bruges; Siéges de Dinant, Vicegrade. Soleil de Louis XIV, etc., et autres pièces historiques tirées de Versailles. 14 p.

495 Château de Versailles, vues à diverses époques. 14; des galeries de Versailles, Vincennes, Saint-Cloud, Chambord, Marly, Hôtel des Invalides, 4. — Fondation de l'Observatoire. En tout, 23 p.

496 Le Louvre, Portes Saint-Martin, Saint-Denis, par Perelle et Israël Silvestre. 5 p.

FAMILLE DE LOUIS XIV

497 **Marie-Thérèse** d'Autriche. In-fol. Vischer. Très-belle ép. Marge.

498 — In-8. Jean Sauvé ex. Belle ép. Grande marge. Rare.

499 **Louis**, grand Dauphin. Van Schuppen. In-fol. Beau, Larmessin, Sauvé, etc. 6 p.

500 Marie-Anne-Christine de Bavière, en pied, chez Deshayes, Larmessin. 2 p. Très-belles ép.

501 **Bourgogne**. (Louis duc de), enfant. Dessin mine de plomb, par *Delaistre, 1852*, au Louvre, d'ap. Mignard.

502 — En maillot, in-4, par Simonneau. Rare.

503 — En pied, Jollain, Trouvain. 2 jolies pièces.

504 — In-fol, par *Édelinck*. Belle ép. Marge.

505 — Larmessin, Simonneau, Thomassin, etc. 4. Marie-Adélaïde de Savoie, en pied, etc. 3. En tout, 7 p.

506 Suite de tous les dauphins de France, depuis Humbert II, 1343, jusqu'à 1711. Jolie p. par Berey.

507 Louis XIV, mettant le Cordon bleu à M. de Bourgogne, par Larmessin, d'ap. Watteau.

508 Vue de Meudon, 30 août 1695. Dessin aquarelle par M. le duc de Bourgogne, signé au dos par *Silvestre*, son maître de dessin. Très-curieux.

509 Médailles de Louis XIV et sa famille, 6. — Marie-Thérèse, Moncornet octogone, Larmessin, etc., 4. — Entrée à Douay, — à Arras. — Baptême du Dauphin. — Décoration du feu d'artifice à Versailles, pour la naissance du duc de Bourgoge. — Vues du camp de Compiègne, 3. — Mariage du duc de Bourgogne, 2. — Château de Meudon, 3. — Feu d'artifice à Meudon. — 24 p.

510 Charles II, d'Espagne, 4. — Marie-Louise d'Orléans, manière noire. — Marie-Anne de Neubourg. — 6 p.

511 **Philippe V**, roi d'Espagne. In-fol. Drevet, Gole, Pitau. 6 p.

512 — Tableau de la Famille royale d'Espagne, par Tanjé.

513 Marche et Cérémonie à la proclamation du duc d'Anjou, roi d'Espagne, par Guérard. Rare. — Déclaré Philippe V. — 2 p.

514 **Dombes** (Louis-Auguste de Bourbon, prince de). In-fol. Desrochers, Drevet, 2 différents. 3 portraits très-beaux. J. Léonard Secousse, son secrétaire. 1 p.

515 **Nantes** (Louise-Françoise de Bourbon, Mademoiselle de). In-4, chez Jollain. Rare.

516 **Enghien** (Henri-Jules de Bourbon, duc. d'). Moncornet octogone. In-4. Rare.

517 Louis de Bourbon-Condé. — H. de B. d'Enghien. 2 portraits équestres. In-4. Moncornet. Superbes ép.

518 **Bourbon** (Louis duc de), fils de Henri-Jules. In-fol. Gantrel, Larmessin, etc. 3 p.

MAITRESSES DE LOUIS XIV

519 **Lavallière**, en religieuse. In-4, Gole, d'ap. Plaats. Rare.

520 **Montespan**. In-fol. Gole.

521 **Maintenon**. In-8. Fiquet. Très-belle ép. Grande marge.

522 — Dessin. Aquarelle originale de Gabriel, d'ap. de Troy; a été gravé par Mécou, ovale. In-8. Très-beau.

523 Fontanges. In-8. Ficquet et autres, 4. — Lavallière, 8. — Montespan, 4. — Maintenon, 10. — Son Mariage. — Château de Niort, 2. — En tout. 29 p.

524 **Harlay-Chanvallon** (François de), archev. de Rouen. Van Schuppen, ad vivum, 1059. — Lenfant, 1664. D'ap. Champagne, 2 portraits. In-fol.

525 **Chanvallon** (François de), archev. de Rouen. In-fol. Michel Lasne. Avant la lettre. Cab. R. Duménil. Marge.

526 **Caylus** (Marquise de), nièce de Mad. de Maintenon. In-fol, par Daullé.

527 Scarron. Bertounier, avant l. l., Chine et autre, 2, — Château de Maintenon. — Saint-Cyr, 5. — En tout. 8 p.

PERSONNAGES ATTACHÉS A LOUIS XIV

528 Le père Réné de Ceriziers. — Le père Lachaise. — Étienne Le Blé, professeur d'écriture, dessin à la plume. Très-naïf. — Le père Letellier, Habert et autres, 3. — Solleysel, escuyer du roi. — Fr. Tallemant, aumônier de Madame. Picart. In-fol. — Nicolas de Neuville-Villeroy et armoiries, 6. — 15 p.

VOYAGE DE LOUIS XIV A NANTES
Personnages de son règne.

529 **Beauvillier** (François de), duc de Saint-Aignan. Daret, Larmessin, Moncornet, octogone, etc., 4.

530 **Coislin** (Pierre de Cambout de), cardinal, *Lenfant*, d'ap. Nanteuil. Très-beau.

531 **Colbert** (J.-B.). *Nanteuil*, R. D. 71. Avant-dernier état. Très-belle ép. Marge.

532 — In-8. *Savart*. Très-belle ép. Barrière de Fontarabie.

533 **Fouquet** (Basile). *Nanteuil*, ad vivum, 1658. In-fol. Beau.

534 **Guénégaud** (Henri de). *Nanteuil*. 1er état. R. D. 106. Beau.

535 **Le Tellier** (Michel). Van Schuppen, d'ap. Nanteuil. In-fol. Très-beau. Marge.

536 **Lomenie** de Brienne, *Nanteuil*. In-fol.

537 César de Cambout de Coislin. — Marg. du Cambout, comtesse d'Harcourt. — Coislin, cardinal. — Chamillart. — Colbert, Villacerf. — J.-B. Colbert, Lubin, etc., 4. — Colbert de Torcy, manière noire, in-fol. — Col-

bert Seignelay, Édelinck, etc., 2. — Fouquet, Mellan, etc., 4. — G. de Lamoignon. — La Porte Lameilleraie, 4. — En tout. 21 p.

o 538 Réné Le Feuvre, président au parlement de Bretagne. In-8. Très-rare. — J. Lefèvre de Caumartin. — Michel Le Tellier, Édelinck, Nanteuil, etc., 5. — Louvois, 2. — Hugues de Lionne, 3. — H. A. de Loménie, 4. — En tout, 16 p.

o 539 Pélisson, 2. — Pomponne de Bellièvre, Edelinck, Frosne, Benedetti, 3. — L. Phelippeaux de Pontchartrain. Rare. — P. Seguier, Chauveau, Lubin, M. Lasne. Très-beau, Mellan, Moncornet, Rousselet, etc., 8. — Dominico Séguier, etc., 2. — Mausolée du chancelier Séguier, par Leclerc, avant le titre et autres remarques. — Daniel Voysin. — Vaux-Le-Vicomte, par Perelle. — Marquisat de Belle-Ile. 20 p.

EMPOISONNEUSES

540 **Brinvilliers** (Marquise de). Dessin lavé à la sanguine, d'ap. celui du Musée, in-4. — Faisant l'essai de ses poisons. — À la question. 3 p.

o 541 **Voisin** (La). Dessin, in-4. Lavé à la sanguine. — — In-fol. Ant. Coypel, inv. Chasteau ex. Très-beau et très-rare. — Prédisant la mort violente à la marquise de Ganges. 3 p.

GUERRE ÉTRANGÈRE

Combats et Siéges ou Louis XIV assista.

o 542 Siéges de Tournay, 2. — Douai. — Lille. — Bruges. — Dole. — Maestricht. — Valenciennes, par Dolivar, etc., 4. — Cambray, 2. — Ypres. — Namur. Prises de Salins. — Dinant. — Luxembourg. — Marsaille, etc. 37 p. La plupart de la Gal. de Versailles. Chine.

MARÉCHAUX ET GÉNÉRAUX FRANÇAIS

543 Castelnau (Jacques de). Nanteuil. Sup. ép.

544 Chaulnes (Ch. d'Ailly, duc de). Nanteuil, grand in-fol. Très-belle ép. Rare.

545 Villars. Grand in-fol, par Drevet. D'ap. Rigaud.

546 César Phébus d'Albret. — Duc de Boufflers, à cheval et en pied, Bonnard, 2.—Jacques de Castelnau. Frosne, sup., etc., 2. — Catinat. Vermeulen, in-fol. et autres, 4. — Duc de Chaulnes, 2. — Charlotte d'Ailly. — Clerembault, — F. de Créqui, 2. — Humières, Lubin, etc., 2. — Lafeuillade, 2, — L'Hôpital (F. de). 20 p.

547 Luxembourg, Édelinck et autres. 5. — Noailles. — Puységur, Daullé, etc., 2. — Vauban, 7. — L. J. duc de Vendôme, 3. — M. A. de Bourbon, Mlle d'Enghien. — Villars, 3. — En tout, 22 p.

548 Inauguration de la Statue de Louis XIV sur la place des Victoires, par le Maréchal de Lafeuillade, 1686. — Vue de la place des Victoires avec la Statue. 2 p. du temps, par Guérard.

AMIRAUX, VICE-AMIRAUX

549 Jean-Bart, en pied, chez Bonnard. Sup. — Chez Trouvain. 2 p.

550 — 4. — Chateauregnault, 2. — Coetlogon, 3. — Duguay-Trouin. Dessin aquarelle de Sergent et autres, 6. — Duquesne, Édelinck et autres, 4. — Jean d'Estrées. — V. M. d'Estrées, Audran, etc., 2. — Forbin, 2. — Wassenaar, 3. — 27 p.

551 Prise de Rio-Janeiro, 2. — Dieppe. — Gênes. — Bombardement d'Alger, 2 — Abordage, — et autres. 16 p.

SOUVERAINS ET GÉNÉRAUX ÉTRANGERS
Ayant pris part aux guerres contre la France.

552 Léopold Ier. In-fol. Brauwer, Moncornet, octogone, etc., 4. — Marg.-Th. d'Autriche. — Maximilien. — Ch.-Ém. II de Savoie, 3. — Victor-Amédée II de Savoie, 3. — Marie-L.-Gab. de Savoie, reine d'Espagne, chez Colart. In-4. Rare. 13 p.

553 Montecuculli. — Ruyter, 4. — Eugène de Savoie, grand in-fol, B. Picart. Très-beau et autres, 5. — Tromp. 11 p.

CULTES DIVERS ET SECTES DISSIDENTES
Catholiques.

554 Beisit (Le R. P. de). Desrochers, in-8 et in-4, 2. — Belzunce, 3. — Bossuet, in-4, 6. — Coetlogon, in-fol. Poilly. Rare. — César d'Estrées, en pied. Drevet. — Jean d'Estrées, in-fol. Audran. — 14 p.

555 **Bossuet**. In-4. Édelinck, 1er état. Marge.

556 **Fénelon**. In-4. Drevet. Très-beau.

557 — Grand in-fol. B. Audran, Habert et autres, 4. — Fléchier, in-4. Édelinck, cab. R. Duménil et autres, 2. — Claude Fleury. — M. Le Nobletz. — Ch.-Maurice Letellier. Habert, in-4, — 9 p.

558 **Le Tellier** (Ch.-Maurice). In-fol. Nanteuil. R. D. 139. Très-belle ép. Marge. Avant-dernier état.

559 **Massillon**. In-4. Rare. Très-belle ép. Marge. — In-4, manière noire. Bouys pinx. et sculp. 1704. Marge. Rare.

560 Maunoir, jésuite, in-8. Drevet. Rare. — Grignon de Montfort. — René Mulot. — Queriolet, 2. — Rancé, 3. — Ch. de Rosmadec, évêque de Vannes. In-fol. Landry. Marge. — Antoine et François Barberin. 11 p.

561 Portraits des Papes, depuis saint Pierre jusqu'à Urbain VIII, 240 portraits sur la même feuille.

JANSENISTES.

562 Les Appelants de la bulle Unigenitus. Belle p. par Ficquet. In-fol. Marge.

563 **Arnault** (Antoine). Simonneau et autre, 2. — Arnault d'Andilly, Édelinck, Habert, Lubin, 3. — Mesnard de la Noue, 2. — Pontchateau, 2. — Quesnel, Pitau et autres, 4. — J.-L. Lemaître de Sacy. Très-beau. — Duverger de Hauranne. In-4. Daret, sur satin. Jansenius, 5. — La Déroute et Confusion des Jansénistes. — 21 p.

564 **Pascal.** 2 portraits différents, par *Édelinck*, dirigé à droite et a gauche. Très-belle ép. Marge.

565 **Saint-Cyran.** In-fol. *Morin*, R. D. 82.

566 **Thomassin** (Louis), oratorien. 2 portraits différents, par Van Schuppen. Très-beaux.

567 **Rollin.** Grand in-fol. Balechou. Ep. avant la retouche et l'adresse de Poilly, très-belle.

568 **Soanen** (Jean), évêque de Senez. In-fol., d'ap. Raoux.

FONDATRICE ET ABESSES DE PORT ROYAL

569 Mathilde de Garlande, fondatrice. — Marie-Angélique Arnault, 2. — Catherine-Agnès de St-Paul Arnaud. — Angélique de St-Jean. — Les Religieuses, in-fol. par Levillain, d'ap. Champagne. — Vues et plans de l'abbaye de Port-Royal des Champs, 8. En tout, 14 p.

570 La Mère Marie-Angélique Arnauld, dernière abbesse. In-4, par Boulanger. Sup. ép. Marge.

571 **Guyon** (Mme), quiétiste, in-8. — Allégorie sur ses visions Le jeune Pasteur, par S. Leclerc. Belle p. rare. 2 p.

JÉSUITES, MOLINISTES, ETC.

572 Saint Ignace de Loyola. Superbe ép. in-8, par H. Wierix. Grande marge. Une ép. de cette beauté, du P. Laynez, pendant de celle-ci, a été vendue 114 fr. en 1859.

573 St Ignace de Loyola, in-fol., 2. — Molina. — Apparition du cardinal Bellarmin au P. Ricci. — Le P. Lemoine, in-fol. Poilly. 5 p.

PRINCIPAUX INSTIGATEURS DE LA RÉVOCATION DE L'ÉDIT DE NANTES

574 Révocation de l'Edit de Nantes, par Luyken, etc. 2 p.

575 Madame de Maintenon, 2. — Le P. Lachaise, in-4, buste et pied, 2. — Louvois, 2. — Jean-Claude, ministre de Charenton, 3. — Vues du Pont et Temple de Charenton, sa Démolition, Intérieur et Plan, 6. En tout, 16 p.

ILLUSTRATIONS DU RÈGNE DE LOUIS XIV
Savants.

576 D'Argentré. — Baillet, in-4, Audran. — Bayle, in-8. Savart et autres, 3. — Bekker. — Bouillaud. — Du Fresne du Cange. — Cassini, 2. — Duaren, Woeriot, rare, etc., 2. — P. Hevin, avocat de Bretagne, in-4. — Weissiere La Croze. — 14 p.

577 **Baluze** (Etienne). In-fol. Thomassin, d'ap. Rigaud.

578 **Cassini** (J.-Dominique). In-fol. Cossin, avant toute lettre. Sup. ép., rare, marge.

579 **Mabillon**, de profil, grand in-4. Simonneau. Très-belle ép. Rare.

580 **Montfaucon**. Eau-forte. 1er état de La Live de Jully. Rare. Petit in-fol. Audran, etc. 3 p.

581 Moreri. In-fol. Cl. Duflos. — P. Palliot, Drevet. In-4. Très-beau. Marge. — Guy Patin. 2. — Charles Patin. In-4, Masson. Très-beau. Marge. — Spanhemius. In-fol. — Suyderhoef. — Adrien de Valois. 7 p.

Littérateurs, Académiciens.

582 **Boileau** (Gilles), père du célèbre Boileau. In-fol. *Nanteuil*. R. D. 43, avant les vers sur le socle. Sup. ép.

583 **Boileau-Despréaux**. In-4, *Drevet*. Très-beau.

584 — *Savart*. In-8. Très-beau.

585 Gilles de Beauveau, évêque de Nantes. In-fol. Gantrel. — J.-P. Bignon, Edelinck. In-fol. — Boileau. — Mlle de Champmelé. — Dancourt. 2. — Mme Deshoulières, petit portrait par Delaunay. Sup. ép. — Fontenelle. 2. — Furetière. 2. — Godeau. — Daniel Huet. — La Fontaine, Ficquet, Audouin, etc. 5. — Sa maison. — Couronnement de La Fontaine par Ésope, avant la dédicace. Toute marge. 20 p.

586 **La Fontaine**. In-4, *Edelinck*. Sup. ép. Gr. marge.

587 — En pied, Dien d'ap. Ingres. Ép. avant la lettre, chine.

588 La Monnoie (Bernard de). 3. — Lesage. 4. — Lully. 2. — Maupas du Tour. — Menage, Desrochers avant la lettre, van Schuppen. 2. — Montausier. In-8. Gaucher, etc. 2. — Ninon de Lenclos. 5. — Patru. — 20 p.

589 Charles Perrault, Edelinck, Baudet, etc. 3. — Jean Racine, Gaucher avant la lettre, Edelinck, Savart, etc. 7. — Regnard. 2. — Saint-Évremont, B. Picart et autres. 3. — Scudéry, Nanteuil, etc. 2. — Mlle de Scudéry. 4. — Tencin. — 22 p.

Madame de Sévigné et sa Famille.

590 **Sévigné** (Mme de). Aquarelle in-8. Papier in-4.

591 — In-fol. Delgorgue, d'ap. Nanteuil, S. Aubin, Roger, etc. 7. — Charles de Sévigné. 2. — Mme de Chantal. 2. — Comte de Grignan. In-fol. Lubin. — Mme de Grignan. 4. — Simiane. 3. — Coulanges. — Bussy-Rabutin. — Lavardin. 2. — Lenôtre. 2. — En tout, 25 p.

592 **Grignan** (comtesse de). Aquarelle in-8, papier in-4.

593 **Bussy-Rabutin**. Edelinck, in-4. Sup. ép. Grande marge.

594 **Harouys** de la Seilleraye. In-fol. Van Schuppen.

595 **Habitations de Mme de Sévigné**. Hôtel de Carnavalet. — Le Buron, dessin à la plume, par Hanke.— Grignan.— Les Rochers. 3, dont un dessin.— Époisses, mine de plomb.— La Seilleraye, Château de Nantes. 3 dessins à la plume par Hanke. 10 p.

MOLIÈRE

L'Hôtel de Bourgogne et le Théâtre Français.

596 **Molière**. In-fol. Beauvarlet, d'ap. Bourdon.

597 — Lignon avant la lettre et autres. 9 p. — Armande Bejart. 2. — Fontaine Molière. 2. — 13 p.

598 **L'hôtel de Bourgogne**, par Ab. Bosse. Très-belle épreuve.

599 Gautier-Garguille. —Turlupin. 2 p. par Rousselet. — Capitan, par Callot. 3 p. Très-belles ép.

600 Hôtel de Bourgogne. — Turlupin. — Gros Guillaume. — Gautier-Garguille. — Capitan.— Dessin d'Hawke à la plume, représentant la rue où était le Théâtre-Molière à Nantes. — Molière annonçant que le Tartuffe

ne peut être joué. — Louis XIV donnant la permission de jouer Tartuffe. — Dangeville. — Duchemin. — Ermand. — La Torillière. — Montménil. Costumes de Gillot. — Scènes théâtrales. 6. En tout, 19 p.

601 **Baron**. In-fol. Daullé. Sup. ép. Grande marge.

602 **Poisson** (Raymond). In-fol. Edelinck. Belle ép.

ARTISTES

Architectes, Ingénieurs, Peintres, Graveurs.

603 **Boffrand**, architecte. Superbe aquarelle. Copie du seul portrait connu.

604 **Coypel** (Antoine) et son fils. In-fol. Par Duchange, d'ap. lui-même. Très-belle ép.

605 **Errard** (Charles), peintre et architecte. Né à Nantes, sur le titre des Peintres provinciaux, par Legrip. — Eaux-fortes, par Ch. Errard ; portrait de Rembrandt. — Le bon Samaritain. — Suite complète de 13 vases antiques, gravés par Tournier, d'ap. Ch. Errard. En tout, 16 p.

606 **Lebrun**. Grand in-fol. Edelinck, d'ap. Largillière.

607 **Mignard**. In-fol. Schmidt, d'ap. Rigaud. Très-belle ép. avant l'astérisque.

608 **Rigaud**. In-fol. Drevet. Belle ép. Marge.

609 — Peignant sa femme. In-fol. Daullé. Marge

610 **Vander Meulen**. Grand in-fol. Van Schuppen, d'ap. Largillière.

611 Gérard Audran. In-8. — Beaulieu. In-4. — Antoine Coypel. — Coysevox. — Edelinck, par Lévy. — Gabriel. — Largillière. In-fol. Dupuis, etc. 2 p. — Lebrun et composition. 6. — Séb. Leclerc père et fils. Son cabinet. 3. — Lesueur. — Mansart. 2. En tout, 20 p.

612 Mignard, Edelinck, etc. 2. — Nanteuil, Edelinck. Très-beau. — Pagan. — Claude Perraut, Edelinck, etc. 2. —

Colonnade du Louvre. 2. — Petitot. — Poussin, Lignon et autres. 8. — Fac-simile. — Puget, Jeaurat, etc. 3. — Rigaud. — Riquet. 2. — Caraman (Riquet de), son descendant. — J. Sarrasin. In-fol. Cochin, Edelinck. 2. En tout, 27 p.

RÉGENCE DU DUC D'ORLÉANS

Sa Famille.

613 **Orléans** (Philippe d'). Monsieur, frère de Louis XIV, père du Régent. In-fol. *Van Schuppen.*

614 **Orléans** (Élisabeth-Charlotte, duchesse d'), mère du Régent. In-fol. *Simonneau,* d'ap. Rigaud. Sup. ép. Marge.

615 — Monsieur étant jeune. Sauvé. In-4 rare. Larmessin, etc. 5. — Henriette d'Angleterre, sa première femme. Sauvé. In-4 rare. Audran, etc. 3. — Élisabeth-Charlotte Palatine, sa seconde femme. Larmessin, etc. 2. — 10 p.

616 **Orléans** (Philippe d'), Régent. In-4. Chereau, Picart. D'ap. Coypel et autres et p. historique. 9. — Françoise-Marie de Bourbon. 3. — Duchesse de Berri, sa fille, et sujet. 3. — Charles, duc de Berri. 16 p.

617 **Orléans** (Louise-Adélaïde). Mlle de Chartres, abbesse de Chelles. In-4, Drevet. Très-belle ép. et costume colorié. 2 p.

618 — (Louis, duc de Chartres) dit le Dévot, fils du Régent. In-fol. Daullé, d'ap. Coypel. In-fol. marge. — In-4. Cars, d'ap. Belle. 2 p. Très-belles ép.

619 — Auguste-Marie-Jeanne, princesse de Bade, sa femme. In-4. Henriquel-Dupont.

620 **Orléans** (Louis-Philippe d'), fils de Louis. In-fol. par Le Beau. Avant et avec la lettre et autres. 4. — Louise-Henriette de Bourbon-Conti, sa première femme. 2. En tout, 6 p.

621 Collé, poëte. — Lagrange-Chancel, Paillière. In-8, etc.
2 p. — Languet de Gergy. In-4. — Nouvelle Synagogue
de l'ancien curé de Saint-Sulpice. — Mme de Montesson.
— Parabère. 2. — Marquise de Prie. — Sabran. —
Abbaye de Chelles, etc. 13 p.

622 Prie (Mme de). Dessin à l'encre de Chine. In-4.

623 Château de Villers-Cotterets. Perelle. 2 vues différentes.

624 Saint-Simon. In-8, par *Mariage* et autres. 5.

625 Toulouse (comte de). In-fol. *Drevet.*

626 — Bonnart, Larmessin et autres, sa Femme. 8 p. — F.
de Neuville Villeroy. 3. En tout, 11 p.

MINISTRES, PRÉSIDENTS DES CONSEILS, ETC.

627 Aguesseau. 3. — Argenson. — Destouches. In-8. Macret
avant la lettre, etc. 3. — Dubois, cardinal. In-fol. Drevet, etc. 4. — 11 p.

628 Law. In-8. Schmidt. Marge, etc. 2. — Almanach de
la Fortune, 1720, avec Vue de la rue Quincampoix. —
Le seigneur Quincampoix. — Monument consacré à la
postérité, par B. Picart. 1er état et autre. En tout, 7 p.
rares et curieuses.

629 Noailles (Adrien-Maurice de) et Anne-Jules. 4. —
Louis-Antoine, cardinal. Drevet. In-fol. Pitau, Habert, etc. 4. — Armand-Gaston de Rohan. In-fol. Drevet, Hortemels. 2. En tout, 10 p.

CONSPIRATION DE CELLAMARE

630 Albéroni. 2. — Duc et duchesse du Maine. 4. — Vue
de Sceaux. — Mlle Delaunay, baronne de Staal. Avant
et avec la lettre. In-8. — Melchior de Polignac. In-4.
Daullé. In-fol. Chereau. Très-beau, etc. 3. — Les quatre
Gentilshommes bretons. 13 p.

RÈGNE DE LOUIS XV

631 **Louis XV** étant jeune. Buste. In-fol. Larmessin, d'ap. Vanloo.

632 — A cheval. In-fol. Larmessin, d'ap. Parocel et Vanloo. Sup.

633 — Buste, par Wille, d'ap. Lemoine. In-fol.

634 — Lemire, Prevost et autres. In-8 et in-fol. 11 p.

635 **Damiens** (Robert-François). Régicide. Dessin à la sanguine. In-4. — Gravé en Angleterre. In-8 et autre. 3. — L'assassinat. En tout, 4 p.

636 Prison de Damiens. In-4 publié en Allemagne. Très-rare.

637 Damiens attaché par des courroies sur son lit dans sa prison. Dessin in-fol. du temps.

638 **Aymon Ier**, général de la calotte, porte-manteau du Roi. Grand in-4 à l'eau-forte par *Coypel* et terminé par Joullain ; très-belle ép., marge.

639 **Desmarets**, jésuite, confesseur du roi. In-fol. *Beauvarlet*, d'ap. Jouffroy, très-belle ép.

640 Louis XV recevant le Parlement. Grand dessin à la plume signé Carle Vanloo.

PIÈCES HISTORIQUES

641 Louis XV conduit par Minerve. In-fol. *Drevet*, d'après Coypel, très-belle pièce, marge.

642 Fonte de la statue de Louis XV, par *J.-G. Wille*. Pièce extrêmement rare, cab. Verstolck de Soelen.

643 Lit de justice, 1723. — Le Roy tenant les Sceaux, 1757. — Feux d'artifices. Illuminations rue de la Ferronnerie. 3. — Débarquement à Toulon. Avant la lettre. — Convalescence. — Épithalame. — La Religion et la Justice.

5

—Allégorie.—Inauguration de la statue place Louis XV. Grande pièce par Hemery, d'ap. Demachy. — Son Sacre, etc., etc. 20 p.

644 Statues de Louis XV à Bordeaux. — Nancy. — Paris. — Reims. — Rennes. — Rouen. — Valenciennes. — Colonne Ludovise. 9 p. par Lemire et autres.

FAMILLE DE LOUIS XV

645 Louis XV et sa famille, en pied. — Marie Leczinska. In-4, chez Crépy; in-8. Duponchel, Lebeau au bas Saint-Denis, etc. En tout, 7 p.

646 Pensée à la Reine. Jolie p. in-8 par Pasquier.

647 **Marie**, princesse de Pologne. Buste. In-fol. Larmessin, d'ap. Vanloo. Sup. ép., grande marge.

648 **Stanislas Ier**, roi de Pologne. De profil, en pied. *Colin fecit Nanceii.* In-4. Extrêmement rare, marge.

649 **Le roi Stanislas.** In-fol. En pied. Larmessin, d'ap. Vanloo.

650 **Catherine Opalinska.** In-fol. En pied. Larmessin, d'ap. Vanloo. Ces 2 portraits sont très-beaux.

651 **Marie-Adélaïde**, 3e fille de Louis XV. Gravé par *Beauvarlet.* Sup. ép. avant toute lettre, toute marge.

652 **Don Philippe**, infant d'Espagne. *Balechou*, in-fol.

653 Stanislas Ier. 2. — Cath. Opalinska. — Médailles. — Marie-Adélaïde de France. 2. — Vue du château de Bellevue. Rigaud. — Mme Victoire. — Don Philippe, infant d'Espagne.— Marie-Amélie, duchesse de Parme. — Louis XV et l'infante d'Espagne. 2. — Balcon de l'infante. 13 p.

MAITRESSES DE LOUIS XV

654 Le Parc-aux-Cerfs. — Marquise de Pompadour.— Duchesse de Châteauroux. 4 p. rares.

655 **Pompadour** (Marquise de). In-4. *Anselin*, d'ap. Vanloo en Jardinière. Belle ép.

656 — Profil entouré de roses. *Littret*, d'ap. Schenau.

657 Pompadour, 3. — Marigny. — Tournehem. — Duchesse de Châteauroux. In-4, etc. 2. — Mme de Mailly, rare. — Marquise de Flavacourt qui refusa Louis XV, rare. 9 p.

658 **Du Barry** (comtesse). In-fol. *Beauvarlet*, d'après Drouais, avant la lettre. Ce superbe portrait est le plus important du personnage.

659 — In-fol. *Watson*, d'après Drouais, manière noire.

660 — In-8, *Gaucher*, d'ap. Drouais, marge.

661 — Le Beau, Bonneville et autres. 5. — A Luciennes. 6 p.

MINISTRE ET CONSEILLERS

662 **Bernis**, cardinal, In-8. *Savart*, Lemire, etc. 4 p.

663 **Bourbon** (L.-H. de), prince de Condé. In-fol. *Drevet*, d'après Gober.

664 **La Vrillière** (L. Phelippeaux, duc de). In-fol. *Drevet*, d'après Gobert, très-belle ép.

665 **Orry**, directeur des Bâtiments. Lépicié, d'ap. Rigaud. In-fol. beau.

666 **Perronet**. In-fol. S. Aubin, d'après Cochin.

667 **Praslin** (César-Gabriel de Choiseul). In-fol. David, d'après Roslin.

668 **Trudaine**. En pied, assis, d'après de Carmontelle, 1761. Rare.

669 Bertin. In-4. Cathelin. — Boullongne. — Et François, duc de Choiseul. 3. — Fleury, cardinal. In-fol. Chereau, Thomassin, etc. 4. — Machaud d'Arnouville. 2. — Maupeou (R. N. C. A.). 4. — R.-C. de Maupeou. — L'abbé Terray. In-fol. avant la lettre et autres. 4. — Le Gâteau des Rois. 21 p.

MARÉCHAUX, GÉNÉRAUX

670 **Waldemar de Lowendal**. In-fol. Larmessin, d'après Boucher, sup. ép.

671 **Maurice de Saxe**. In-fol. *Will*, d'après Rigaud, très-belle ép.

672 Aubeterre. — Belle-Isle. In-fol. Moitte, in-4 Vangelisty, etc. 4. — Berwick, Fitz-James. 2. — F. de Bastard. — Brancas. — Brancas - Céreste. — Chevert, Watclet et autres. 3. — Choiseul - Stainville. — Contades. — Cossé-Brissac. — Duras, in-4. Dembrun, etc. 2. — Guibert (comte de), Bordes. In-8 et des fastes. 2. — Lorges. — Lowendal. 3. — 24 p.

673 Maillebois. — Montesquiou, d'Artagnan. 2. — Richelieu, buste, en pied, à cheval. 5. — De la Popelinière, fermier-général, dessin à l'encre de Chine. In-8, marge; in-4. — Rohan-Soubise. — Ch.-Em. III de Sardaigne. 2. — Maurice de Saxe. 6. — Son mausolée à Strasbourg. In-fol. Mechel. — Pigale, sculpteur. 19 p.

674 Lecouvreur (Adrienne), maîtresse du maréchal de Saxe. Schmidt et Voyez. 2. — Favart, auteur dramatique, dessin à l'encre de Chine, in-4. Littret, in-8, et autres. 4. — Mme Favart, in-8. Chenu, Flipart et autres. 6. — Rôle de Bastienne, in-fol. Daullé. — Costumes. 3. En tout, 15 p.

675 Colonne de Rosbach. — Bergop-Zoom. — Prague. — Fribourg. 3. — Lausfeld. — Menin. — Tournay, etc. 10 batailles, etc.

AMIRAUX

676 Bougainville et sujet. 5. — Byng et caricature. 3. — Cassard, Maurin, chine et blanc. 2. — Dupleix. — Étanduere, in-8. Hubert, avec Combat naval. Rare, etc.

3. — La Bourdonnais, Hubert, avant et avec la lettre, etc. 3. — La Galissonnière. 2. — Penthièvre, in-8. Dupin, Lebeau, in-4. Voyez, in-fol. Saint-Aubin et autres, 7. En tout, 26 p.

CULTE, EVÊQUES DE BRETAGNE, ETC.

677 Boisgelin de Circé, cardinal. Dessin in-8, à l'encre de Chine, d'après un dessin du temps. Marge. In-4. — Achille de Harlay, évêque de Saint-Malo. In-fol. Meerlen. — La Barde, évêque. In-fol. Nanteuil, ad vivum. — Turpin de Crissé de Sansay, évêque de Nantes. — Cardinal Séraphinus. 2. — De Tressan, évêque de Nantes et archev. de Rouen. Drevet, d'ap. Vanloo. 2 p. dites le petit et le grand Bréviaire. En tout, 8 p.

JANSÉNISTES

678 **Paris** (François de), célèbre diacre. 4 portraits. In-4.

679 Vie du diacre Pâris, avec son portrait. Suite de 17 dessins originaux à la sanguine, lavés et terminés, in-4 en travers ayant servi à être gravés.

680 Miracles du diacre Pâris, avec son portrait. 13 p. Petit in-fol.

681 Jean Litou, de Saint-Saturnin, de Nantes. 2. — Benoît XIV. 3 p.

JÉSUITES

Expulsion et suppression de l'Ordre.

682 Arrivée des Jésuites expulsés à Rome. — Bannissement des Jésuites en Portugal. 2. — Malagrida Satires. 2. — Henri-Philippe Chauvelin, assis, d'ap. Carmontelle, Cochin. In-fol. Moitte, d'ap. Roslin, beau, etc. 5. — Ripert de Monclar. — Clément XIV. — Procès du père Girard et de la belle Cadière. 4. En tout, 16 p.

VOLEURS CÉLÈBRES

683 Vignettes pour le poëme le *Vice puni*, par **N.** Ragot de Grandval. Les dessins ont été fait sur les lieux où Cartouche s'est le plus signalé. 17 p. Rares.

684 Cartouche. Le véritable portrait, d'après nature, dans le cachot. In-fol. en travers, très-rare.

685 Mandrin, Cartouche, et sujets. 10 p.

SAVANTS, LITTÉRATEURS, ETC.

686 Bezout. In-4. Choffard, 1775. Rare, etc. 2.— Bouguer. In-4. Miger, avant la lettre. Rare. — Brumoy. — J.-D. Cassini. — Condillac. — Desforges-Maillard. — Dorat. Grand in-8. Dupin, Fessard. 2.— Duclos. 4.— Florian. 8. La plupart chine avant la lettre. — Gerbier. In-4. Vidal, etc. 5. — Gresset. 4. En tout, 30 p.

687 Dessins à la sépia pour *Vert-Vert*, de Gresset, avec le portrait. In-8, par Frilley et Rousseau, marge, grand in-8.

688 Dessins à la sépia pour Édouard Sidney: « le Méchant, » etc. Frilley. 4. In-8. Grande marge.

689 Henault. In-4. Marchant, Littret. 3.— Bernard de Jussieu. 2. — La Condamine. — Lanoue. — Antoine de Laroque, in-fol. Lépicié, d'après Watteau.— Marivaux. Maupertuis.— Piron. 4.—Querlon.—Sainte-Foix, in-8. Lemire, Tardieu, etc. 5. — Sedaine, in-4. Lévesque avant la lettre. — Sa maison à Paris.— Comte de Tressan. 4. — Villaret. En tout, **27** p.

690 Robien (Christ.-Paul de), président au Parlement de Bretagne. In-fol. *Balechou*, rare.

691 Maupertuis (P.-L. Moreau de). In-fol. *Daullé*, d'ap. Tournière. Très-belle ép.

692 Vue de la place Graslin et de la nouvelle Comédie à Nantes, par Descourtis. — Plan des changements à faire au quartier neuf. 2 p,

ARTISTES

Peintres, Musiciens, Acteurs.

693 **Boucher**, peintre. In-fol. Salvador Carmona, d'ap. Roslin.

694 **Cochin**. In-8. Prevost, marge. In-4. par S. Aubin avant et avec la lettre. 3 p.

695 Descamps, in-4. — Le Bas. — Pierre, in-4. S. Aubin. — Vanloo et sa famille. — Vien. 3, dont un dessin. — 7 p.

696 **Vernet** (Claude-Joseph). Paysage avec pont à la pierre d'Italie, signé. 1764. — Aquarelle avec pont, fabriques ; signée. 2 dessins.

697 **Vernet** (Cl.-Joseph), peintre de marine. 5. — Carle Vernet, par H. Dupont. En pied, par Horace. Naufrage, d'après son père. 3. — Horace Vernet. 2. En tout, 10 p.

698 **Piccini** Cathelin. Pauquet avant l. 1. 2. — Sacchini Cathelin, Quenedey. 2. En tout, 4 p.

699 **La Comédie**. Allégorie. In-fol. Eau-forte pure, d'ap. Vanloo. Superbe.

700 **Brizart**. In-fol. Avril, etc. 2. — **Clairon**. In-4. Schmidt, Benoist, d'ap. la cire de Lungberger. Sa médaille, Littret. Autres in-fol., etc. 6. — 8 p.

701 **Dangeville**. In-fol. avant la lettre, etc. 2. — **Desessarts**. In-fol. Thomas. Le républicain Desessarts, etc. 6. — 8 p.

702 **Dufresne** (Cath. de Seine). In-fol. Lépicié, d'après Aved. Très-belle ép.

703 **Dumesnil**. In-4. Elluin, etc. 3. — **Larive**. In-8.
S. Aubin, Janinet, etc. 6. — 9 p.

704 **Garrick**. In-8. Sangrain et autres. In-fol. Watson,
Hogarth et Grignon, rôle de Richard III. 5 p.

705 **Le Kain**. In-4, Littret, très-beau. Levesque, in-fol.
S. Aubin. 5 p. — Dessin-aquarelle, en pied, rôle de
Gengis-Kan. 6 p.

706 **Molé**. In-4. S. Aubin, avant et avec l. l. In-fol. Elluin, etc. 5 p.

707 **Préville**. Petit in-fol. Alix en couleur, avec trois
scènes au bas, rare. In-fol. Romanet, très-beau. 2/.

708 **Préville** (Mme). Dessin aux trois crayons, profil.
In-4.

709 — In-fol. Michel, d'ap. Colson, avec scène au bas.
Sup. épreuve. Marge.

710 **Vestris** (Mme). In-4 Robinson et autres, in-8. 6 p.

711 Costumes par *Fœch*, Bellecour, Brizart, Préville. Aquarelles sur vélin et autres dessins à la plume. 6 p.

712 Costumes de Bellecour, Brizart, Clairon, Duménil, La-
rive, Le Kain, Molé, Préville, Desessarts, Fleury, Sainval,
Vestris, Dugazon, Grandval, Carlin, Laruette, Clairval,
Trial, etc. 47 p. noir et couleur.

COMÉDIE ITALIENNE

713 Arlequin, collection Bonnart.—Arlequin et Colombine,
arabesque d'ap. Watteau. — Gilles, arabesque d'ap.
Watteau. — Pierrot et sa progéniture, par Lebas.
4 p.

714 Mezetin, scène de la comédie. Thomassin, d'ap. Watteau.

715 — En pied, jouant de la mandoline. Audran, d'ap.
Watteau. Très-belle ép. Marge.

716. **Scaramouche** (Tibere Fiorelli, dit), par Habert. In-4, ép. avant la lettre, le titre à la plume, très-rare. — Pantalon, par Callot. 2 p.

717 **Carlin**. In-8. Benoist, rare, ovale en couleur. Coutelier. 2 p.

718 **Laruette** (Mme). In-4. Elluin, rôle de Babet. Devaux, d'ap. Simonnet. 2 p. très-belles avec marge.

719 **Laruette**. In-4. Elluin, dans les Chasseurs, avant la lettre, rôle de Labride, en couleur, Janinet. 3 p.

720 Romagnesi (Antoine). In-8 rare et costumes de Scapin, etc. 4. — Costumes d'acteurs de la Comedie italienne, par Gillot. 5. En tout, 9 p.

721 **Thomassin** et Mlle **Silvia**. Charmante petite pièce, par Cars, d'ap. Lancret, très-rare. —Copie contre-partie, par Marvie —Copie avec coiffure poudrée. 3 p. Rares.

OPÉRA

722 **Camargo**. Grand in-fol. Cars, d'après Lancret. Très-belle ép.

723 **Dauberval** et Mlle Allard. Tillard, d'ap. Carmontelle. In-fol. Très-belle ép.

724 **Sallé** (Mlle). In-4. Petit, d'ap. Fenouil.

725 Mlle Allard. — Sophie Arnould, in-8. — Bourgeois de la Richardière, en couleur, etc. 3. — Caillot, par Janinet, etc. 6. — Camargo, d'ap. Lancret, in-4, etc. 2. — Dauberval (M. et Mme). 2. — Duthé, in-8. Lebeau. — Guimard. — Noverre. — Vestris père. — Vestris fils. 2. 20 p.

726 **Ramponeau**. Son portrait, au-dessous de l'intérieur de son cabaret. Pièce curieuse du temps et rare.

727 **Ramponeau** (Mme de). Son portrait, au bas de son cabaret. Vue curieuse de l'extérieur avec saltimbanques. Sup. ép, avec marge, très-rare.

LE FILS DE LOUIS XV ET SA FAMILLE

728 **Louis**, dauphin, fils de Louis XV, en maillot. Grand in-4. Dumoustier, chez Contat. Rare.

729 — Enfant. In-fol. Daullé, d'ap. Belle. Sup. épreuve, marge.

730 — Enfant, assis, costume royal, la main gauche sur la couronne. In-4, chez Chereau.

731 — Buste en habit de dragon. In-fol. François, d'ap. Aubry, sanguine.

732 — Allégorie. La France pleurant remet son portrait à la Religion. Grand in-4, Littret, d'après Schenau. Sup. ép., toute marge.

733 — En pied. Dupin, Thévenard, etc. 4 p.

734 Bal masqué donné à l'occasion de son mariage, 1745. Très-grande pièce. Cochin père, d'ap. Son fils. Très-belle.

735 L'Amour et l'Amitié personnifiant le Dauphin et sa femme. Allégorie. Demarteau, d'ap. Guerin, sanguine· In-fol.

736 L'heureux accouchement de Mme la Dauphine, chez Basset. Rare.

737 **Marie-Thérèse** d'Espagne, première femme du Dauphin. In-4. *Will*, d'après Klein. Superbe épreuve, marge.

738 — En pied. 2. — Marie-Josephe de Saxe, 2e femme. In-4. Aubert, etc. 3. En tout, 5 p.

739 **Marie-Josephe** de Saxe, dauphine. In-fol. En pied. Larmessin, d'ap. Vanloo. Marge.

RÈGNE DE LOUIS XVI

740 **Louis XVI**. Dessin à la plume, profil. In-4.

741 — Très-petit médaillon sur satin, Lejoux, d'après Boze.

742 — Roi d'un peuple libre, en pied, en couleur, d'après Carême, par Duchemin. Très-rare.

743 — Buste gravé, en couleur. Ridé, d'après Benard. In-4.

744 — Allégories par Longueil, St-Aubin; Portraits par Hubert, Claessens, Duflos, en buste; Manteau royal, etc. 20 p.

745 — La Reine et le Dauphin. In-8. J. Adam, d'ap. Callet. Rare.

746 — et sa Famille. Cinq profils, dessin crayon noir. — 12 petits portraits de sa famille coupés et réunis sur la même feuille.

747 — Coëtlosquet, évêque de Limoges. In-fol., avant toutes lettres. — La Vauguyon. — Ses Précepteurs. 2 p.

PIÈCES HISTORIQUES

748 — Feu d'artifice tiré place Louis XV à l'occasion du mariage de Louis XVI et Marie-Antoinette. Rare.

749 — Allégorie du Sacre de Louis XVI. — Les garants de la félicité publique. 2 p. in-fol. Née et Masquelier.

750 — Revue du Roi au Trou-d'Enfer. In-4 à l'eau-forte. Molitte, 1784. Très-rare.

751 — Louis XVI donnant ses instructions à La Pérouse, 3. — La Pérouse, in-4. Tardieu. Très-beau. — Vue de Paramaribo, 2. — D'Entrecasteau qui rechercha La Pérouse, 2. — Louis XVI distribue des secours aux pauvres, et autres pièces historiques. 13 p.

752 — Louis XVI et Marie-Antoinette, chacun dans une lanterne; le Traître Louis XVI. — La Panthère autrichienne vouée au mépris et à l'exécration de la nation française dans sa postérité la plus reculée, etc., etc. Ces deux pièces sont de la plus grande rareté; une ép. de Marie-Antoinette a été payée 110 fr. à la vente Laterrade.

753 **Caricatures.** Profils en silhouette de Louis XVI, Marie-Antoinette, le Roi et la Reine d'Angleterre. — La Visite du jour de l'an au roi. — Je garde cette grosse pièce. — Ainsi va le monde, — etc. 9 p.

754 Bienfaisance récompensée. — La France dévoilant la Vérité. — L'Espoir du bonheur, — etc. 5 p.

PHILOSOPHES DU XVIII° SIÈCLE

755 Alembert, in-4.; Maleuvre, Miger, in-fol. Henriquez, etc, 4 p. — Beaumarchais, in-4.; St-Aubin, etc., sa maison, 3. — Bossut, savant académicien, Henriquez et autres, 4. — En tout 11 p.

756 **Buffon,** in-4. Chevillet, toute marge; Houbraken, Vangelisty et autres. 7 p.

757 Chenier (M.-J.), Lips, Muller, etc., 4. — Condorcet, in-4; St-Aubin, se donnant la mort, 5. — Diderot, in-4; St-Aubin, Henriquez, etc, 6. — 15 p.

758 Helvetius, in-4.; St-Aubin, etc., 3. — Holbach avant et avec la l., 2. — Lamettrie, 2. — Montesquieu, in-8, Savart, très-belle ép.; Muller, Henriquez, etc.; Château de la Brede, 6. — 13 p.

759 **La Mettrie,** grand in-4. G.-F. Schmidt ad vivum, superbe ép.

760 **Rousseau** (J.-J.) en pied, d'ap. nature, à Ermenonville, in-4, imp. en couleur, Guyot. Rare.

761 — In-4. Langlois, avant la lettre; Michel, Massol, en couleur; St-Aubin, d'ap. Latour, in-fol.; Nochez, d'après Ramsay, en Arménien, etc. 6 portraits.

762 Dernières paroles de Rousseau, in-fol. Guttemberg, d'après Moreau le jeune, sup. ép. — Réduction in-8, Leuv, 2 p.

763 Maison où il est né, 2, Presbytère de Boissy, Maison à Paris, Les Charmettes, 3. — Hermitage à Montmorency, 2. — Moutiers-Travers. — A l'île St-Pierre, 2. — Ermenonville et tombeau, 4. — Allégorie aux mânes de Rousseau. 17 p.

764 Hermitage de Montmorency, Debucourt, d'ap. H. Vernet, en couleur. In-fol. Rare.

765 Translation de Rousseau au Panthéon, eau-forte pure. — Scènes de sa vie, 4. — L'allaitement maternel encouragé, in-fol., avant la lettre. 6 p.

766 Madame d'Epinay, lithog. par Baron, d'ap. Liotard, in-4. — Houdetot. — Warens, in-8. Chollet, Leroux, avant et avec la lettre, 3. — Christophe de Beaumont, archevêque de Paris, in-4. Romanet. — L.-F. de Bourbon-Conti, 2. — Salons du prince de Conti au Temple, 2. — L.-F.-J. de Bourbon-Conti. — Stanislas de Girardin, élève de Rousseau, 2. — 13 p.

767 **Voltaire**, in-8, in-4, et in-fol. St-Aubin, Tardieu, etc., en buste et en pied. 17 portraits.

768 — et le père Adam, jésuite, grande et belle pièce rare, par Joseph Lante.

769 **Ferney** (château de), 4 vues différentes. — Lekain chez Voltaire, 2. — Le Déjeuner. — Hommages rendus sur le Théâtre-Français, d'ap. Moreau. — Réduction in-8. — Translation de ses cendres au Panthéon, 3. — Tombeau à Ferney. — Projet de groupe. — Extérieur du Panthéon, dessin in-fol. à l'encre de Chine. — 15 p.

770 Villette (marquise de). Belle et bonne, in-4. Lingée, d'après Pujos. — Madame Denis, in-4. François, à la sanguine. Ces 2 portraits sont rares.

AMIS ET ENNEMIS DE VOLTAIRE

771 La Beaumelle, 2. — Commentaires sur la Henriade, titre avec les portraits de Voltaire, La Beaumelle, Fré-

ron, in-8, St-Aubin. — Fréron, in-4, Gaucher, Hubert, 2. — Aux Mânes de Voltaire, hibou à lunettes. — L'Ane qui braie. Ces deux pièces sont contre Fréron. — D'Argental. — Mme du Chastelet. — Tronchin, médecin de Voltaire. — 10 p.

PROTECTION DE VOLTAIRE
à J. Calas et Sirven, victimes du Fanatisme.

772 Adieux de Calas à sa famille. In-fol. Chodoviecki, 1768. Superbe ép.
La malheureuse famille Calas, in-fol. Delafosse, d'après de Carmontelle. — Voltaire promettant son appui à la famille. Elie de Beaumont, défenseur de Calas et Sirven. 2 ép. Lettre grise chine et avec la lettre. 6 p.

INDÉPENDANCE DE L'AMÉRIQUE

773 **Indépendance des Etats-Unis.** Louis XVI, Franklin, Washington réunis, allégorie en couleur par Roger, d'ap. Dupl.-Bertaux.

774 **Franklin**, en pied, d'ap. de Carmontelle. — In-fol. Chevillet. — En petit, par Tardieu, avant la l. et autres. 5 p.

775 Jackson. — Jefferson. — Th. Paine, in-4. Barlow, in-8. Bonneville, 3. Taylor, in-fol., lithog. Alophe. — Washington, in-8. Médaille A. Tardieu, et autres, 6. — 12 p.

GUERRE DE LA FRANCE CONTRE L'ANGLETERRE
Pour la Défense de l'Indépendance américaine.

776 Cornwallis, portraits anglais et français, in-8, 6. — Duchaffault. — Ducouedic de Kergoualer, in-fol. Vangelisty, etc. Son Tombeau, 4. — Estaing, in-4. Gaucher,

in-8. Benoist, etc., 4. — Comte de Grasse, rare. — Guichen, 2. — Howe, 2. — Keppel, 2. — Lafayette, in-fol. Lemire, etc., 2. — La Motte-Piquet, Saint-Aubin, etc., 2. — Rochambeau, 2. — Rodney, 2. — Suffren, 7. — En tout, 36 p.

777 **Suffren**, profil, manière du crayon, Liottier d'ap. Gobelin, in-4. Très-rare.

778 Reddition de l'armée de Cornwallis, York-Town, Songe de Mackartney, *le Quebec et la Surveillante*, etc. 11 p.

779 Allégorie où le roi Georges, assis sur les Trésors, marche sur le corps de Tippoo-Saïb, pièce très-curieuse, dessin à l'encre de Chine, par Chevaux, académicien.

780 Tippoo-Saïb, in-8, et autres, 8. — Et sujets, 10 p.

781 **1783**. Traité de paix avec l'Angleterre; [Ordre et marche des cérémonies, place Louis XV, colorié; Feu d'artifice, Fête du peuple, Cartes des Etats-Unis, etc. En tout, 6 p.

LUTTE DU DUC D'ORLÉANS
Et des Parlements contre l'Autorité royale.

782 **Orléans**. Louis-Philippe-Joseph (Egalité), en pied, grand in-fol., manière noire de Smith, d'ap. Joshua Reynolds.

783 — In-4, en couleur, Debucourt, en pied, colorié; Je suis citoyen, et autres, 10 p.

784 — (Conjuration de). Louis XVI, Marie-Antoinette, 3. Médaillons avec des Serpents. Jolie pièce in-8. Rare.

785 **Orléans**, Louise-Marie-Adélaïde de Bourbon Penthièvre, duchesse de Chartres, in-8, Lebeau, marge, Mecou et autres. 5 p.

786 **Genlis** (comtesse de). In-4. Lignon, avant et avec la lettre, et autres, 6. — M. de Genlis, 3. — 9 pièces.

787 Brevet maçonnique pour la loge des Neuf-Sœurs, avec le portrait du duc d'Orléans, in-fol. Chotfard. Sup. ép. avant la lettre, marge.

788 Philippiques; sa Famille; sur la Charrette, etc. 5 p.

789 **1787**, 22 février, Assemblée des notables, avec la Lettre de convocation écrite par le Roi, 29 décembre 1786, en bistre. Rare.

790 — Autre composition par Malapeau, Girardet et Veny, ép. avant la lettre.

791 **1788**, 29 août. Le Corps de garde brûlé sur le pont Neuf, Girardet et autre, 2 p.

792 — 16 septembre. Rassemblement sur le pont Neuf, forçant les passants de saluer la statue d'Henri IV, 2.

793 Aiguillon (duc d'), 2. — Plans et combat de Saint-Cast, gagné sur les Anglais par M. le duc d'Aiguillon, 3. — Duval d'Epremenil, Legrand, Levachez, Bonneville, 3. — Son Arrestation, 2. — La Chalotais, in-4, Baron, etc., 5. — Son Arrestation. — Lenoir, in-4, Lingée, d'après Pujos, 17 p.

MINISTRES DE LOUIS XVI

794 Aligre (Etienne-François d'), in-fol., Cathelin. — Amelot, in-4. St-Aubin, avant et avec la lettre, etc., 3. — Beauveau-Craon. — Bertrand de Molleville, avant et avec, 2. — Boynes. — Breteuil, in-4, Joullain, etc., 3. — En tout. 11 p.

795 **Calonne**, in fol., de Bréa, d'ap. Mme Lebrun. — In-8, Hoppe, 2 portraits très-rares.

796 Castries. — Duport du Tertre, 2. — Joly de Fleury. — Ch. Fr. Lamoignon, in-4, Daullé, 2. — Lomenie de Brienne, in-4, Janinet, en couleur, marge, et autres, 4. — Phelipeaux-Maurepas, in-fol. Petit, 1736, et in-8, 3. — Huc de Miromenil, in-4. Chevillet, Prevost, Ingouf, 5. — Du Muy. 18 p.

797 **Necker**, in-8, planant au-dessus du monde, très-belle ép., marge. Delaunay. St-Aubin, in-4. Delaunay, Dembrun, in-fol. St-Aubin, etc., 8. — Le Compte rendu, 3. — L'OEil du Génie, bistre, rare. — Allégorie. — Porté en triomphe par le peuple. — Soutenu par le duc d'Orléans et Lafayette. — La France, sous la figure de Marie Antoinette, et Louis XVI rappelant M. Necker, avant la lettre, toute marge, in-fol., par Gaucher. — Sa Maison à St-Ouen. — 17 p.

798 **Necker** (Mme), in-8, par *Lips*. Sup. ép., marge.

799 **Roland**, 4. — Madame Roland et sa mort, 7. — 11 p.

800 **Roland** (Mme) au physionotrace. Très-rare.

801 Saint-Germain (comte de). — Sartines, in-4. Littret, in-8. Lebeau, etc., 3. — Servan, 2. — Turgot, 3. — Comte de Vergennes, 3. — Son Fils. — 13 p.

802 **Vergennes** (Ch. Gravier, comte de), in-fol., Vangelisty.

803 **1789**. Procession des Etats généraux à Versailles, le 4 mai. Chez Basset. Belle pièce en bistre.

804 — Ouverture des Etats généraux le 5 mai; par Moreau le jeune, avec la liste alphabétique des députés. Très-belle ép., grande marge.

805 — d'après Couderc par Prudhomme, par Geoffroy, chine. Explication, etc. 4 p.

806 — Constitution de l'Assemblée nationale, 17 juin, par *Moreau* le jeune, avec les noms des députés. Sup. ép., grande marge.

807 — Offre du premier don patriotique fait par les dames artistes le 7 septembre, par Ponce, d'après Borel.

808 — Liste des députés du clergé de Paris; ils sont dans une voiture élégante. Colorié, rare.

809 — Allégorie sur le Tiers-Etat. — Faut espérer que ça finira bientôt. — J'savais bien j'aurions not' tour. — Le Ventru, etc. — 7 p.

810 Bailly, in-8, Miger. In-4, Beljambe, Miger, Sergent, etc., 12. — Son Exécution, 2. — Caricature avec sa femme : Eh donc, Coco, 2. — Séance royale, d'après Raffet. — Serment du Jeu de paume, avant la lettre. — 18 p.

811 Dreux-Brézé fils, in-fol. lithog. — Frochot, 3. — Michel Gerard, 5. — Mirabeau (Victor Riquetti, marquis de), in-fol. Demarcenay, etc., 2. — Vicomte de Mirabeau, 2. — Escaladant la tribune. — 14 p.

812 **Mirabeau** (Honoré-Gabriel comte de), in-fol. Audouin, Weber, avant la lettre, Fiesinger et autres, 10 p.

813 Monnier (Sophie), 2. — Mort, Pompe funèbre, etc., 4. — Vincennes. — L'Ombre de Mirabeau dans l'armoire de fer. — Trait de l histoire de France, 2, noir et colorié. 10 p.

814 Noailles (vicomte), 2. — Rabaut le jeune, rare. — Rabaut St-Etienne, 4. — Les Coups de rabot, belle pièce. — Sieyès, 6. — Le Vœu accompli, colorié. — Attroupement au faubourg St-Antoine, etc. — Le Peuple délivre les gardes françaises à l'Abbaye. 18 p.

815 **1789**, juillet. Broglie (Victor-François duc de), in-fol. Ingouf, in-8. Salvador, etc., 6. — François-Marie. — Camille Desmoulins, 3. — Motion au Palais-Royal. — L'Opéra fermé. — Scène patriotique des gardes françaises, etc. 14 p.

816 — 12 juillet. Les gardes françaises repoussent le détachement royal-allemand rue Basse du Rempart. — Attaque du royal-allemand place Louis XV. Avant la lettre. 2 pièces gravées en couleur par Sergent. Superbes ép., marge.

817 Le prince Lambesc entrant dans les Tuileries. 4 p., dont une coloriée, très-rares.

818 **Siége et prise de la Bastille**. In-fol. Thevenin, Bertault, chez Chereau, coloriée; autre avant toute lettre, Girardet, Allégorie, etc, 8. — Adieu Bastille, colorié. — Harné et Humbert, colorié. — Arrestation du Major, par Cretaine, colorié, etc. — 13 p.

819 Vues de la Bastille, dessin au bistre, dans le goût de Silvestre, Merian, eau-forte par Raffet. — Démolition de la Bastille. 5 p.

820 La Journée mémorable du 14 juillet 1789. On promène les têtes de Flesselles et Delaunay au bout de piques. Belle p.

821 — Diverses scènes de l'arrestation et de leur mort. 11 pièces différentes.

822 Arné, avec l'Arrestation du gouverneur de la Bastille au bas, en couleur. — Delaunay, in-4, par Chenon; au bas sa tête au bout d'une pique, bistre, rare, 2. — Jean Dussaulx. — Général Hullin. — Linguet St-Aubin et autres, 4. — Latude. — Palloy. 11 p.

823 **1789**, 15 juillet. Larochefoucault-Liancourt, 3 portraits et sujet, 4. — La Révolution française, grande pièce allégorique, par Duplessis.

824 **1789**, 17 juillet. Arrivée du Roi à l'Hôtel de Ville. Belle pièce en bistre, très-rare, chez Crepy.

825 — Le Même sujet, colorié, chez Chereau. — Berthault, d'après Prieur, 2.

826 — M. Bailly présentant les clefs au Roy. Colorié.

827 Massacre et supplice de Berthier et Foulon. — C'est ainsi qu'on se venge des traîtres. — Delaunay, Flesselles, Berthier, Foullon, portant leurs têtes au bout de piques; Caron leur refuse l'entrée des Champs-Elisées. Très-rare. — 8 p.

828 Pillage de l'hôtel de ville de Strasbourg. Coloriée.

829 **1789**, octobre. Repas des gardes du corps à Versailles, avant la lettre. — Départ des femmes de la
halle, coloriée, et au res, 3. — Promesses du Roi de
venir à Paris, 2. — Jourdan massacrant les prisonniers
à Avignon. — 7 p.

830 Aiguillon (duc d'), par Vérité, en couleur. — Chabroud,
2. — St-Huruge. — Théroigne de Mericourt. — La
même dessin d'après nature : étant folle à la Salpé-
trière, par Gabriel. 6 p.

831 Départ de Versailles des gardes du corps et des hé-
roïnes parisiennes. Colorié. — Entrée du roi et de sa
famille à Paris, par Dargent. Rare. — L'Eléphant blanc.
— 4 p.

832 **Lafayette** à différents âges, 6. — Miger, in-4. — Allégorie coloriée : Epouvantail de la nation, belle p. —
Traité comme il le mérite. — Il cherche à prendre la
lune avec les dents. — L'Eléphant blanc. — Et autres
faits historiques qui se rapportent à lui. 20 p.

833 Bergasse, 3. — Cazales, 3. — Clermont Tonnerre père
et fils, 2. — Freteau, la barrière du Trône où il fut
exécuté. — Lally Tollendal, 6. — Thomas Arthur,
comte de Lally, son père. — 18 p.

834 Exécution de Thomas-Arthur *de Lally*, gouverneur de
Pondichery, le 8 mai 1766. Pièce très-rare et curieuse.

835 Lameth (Alexandre), 3. — Charles Lameth, 4. — La
Rochefoucauld, 4. — Le Chapelier, 11. — Maury, Vérité, colorié et autres, 6. — Maury, Cazales. Malouet,
médaillons en couleur, chez Blin. — Mounier, 2. —
Thouret, 4. En tout, 35 portraits.

836 Ouverture du club de la Révolution, 6 octobre. — Le
père Nicieu, jacobin, colorié. — Et autres. 6 p.

837 Déclaration des droits de l'homme et du citoyen. Colorié. Très-rare.

838 Exercice des droits de l'homme et du citoyen français : L'on tue, l'on pend et l'on brûle tout le monde. Très-rare.

839 Danse qu'ils danseront; pas de deux d'un jacobin et d'un feuillant. Très-rare.

840 **La Constitution**, allégorie coloriée. — Louis XVI, médaillon sur une pyramide, par St-Aubin. — La Constitution chassée. — Chute prochaine de la fille à Target, en bistre. — L'expirante Targinette, bistre, 5 p.

841 **La Liberté**, l'Egalité, la Loi, 3 p., par Copia, d'après Prudhon. Ces deux dernières superbes ép., grandes marges.

842 **Agasse** (Isidore), in-4, Phelippeau, colorié. — Les frères Agasse menés au supplice, etc. 4 p.

843 **Favras**, 3 portraits rares. — Faisant son testament, Amende honorable, son Exécution, son Arrivée aux enfers. 9 pièces, la plupart rares.

844 Le grand mal de cœur de Monseigneur. — La Messe de 93. Contre l'abbé Grégoire et autre, 3 p. coloriées — Fête de la liberté pour les Suisses de Château-vieux. 4 p.

845 Massacre de la garde nationale à Montauban. Très-belle ép. avant la lettre. Marge.

FÉDÉRATION NATIONALE

846 **1790**. Travaux du Champ de Mars pour la Fédération, pièce très-curieuse, coloriée. *Aristocrates, vous voilà donc!* etc. Très rare.

847 — Travaux du Champ de Mars, Girardet. — Bertaux, 2 p.

848 **Fédération**, colorié, chez Basset, avec les portraits de Bailly et Lafayette. — Girardet. — Arrivée du cortége à la tribune, colorié. — Giraud sous la direction de Ponce, — Massard, d'après Couder. — 5 p.

849 Vue perspective du Champ de Mars le jour du serment civique. — Autre vue plus grande. 2 p. gravées en couleur, par Chapuy.

850 Illumination et fête à l'occasion de la Fédération, sur l'emplacement de la Bastille : *Ici l'on danse!* colorié, et autre ovale in-4, noir. 2 p.

851 Transparent sur les décombres du despotisme, où se trouvent les médaillons de Bailly, Louis XVI, Lafayette. Rare.

852 Desilles, in-4, avant la lettre, et sujet, **2.** — Service et pompe funèbre des citoyens morts à Nancy. **2.** — Duel de M. de Castries. — Pillage de son hôtel, etc. 7 pièces.

853 1791. Almanach national, dédié aux amis de la Constitution, gravé en couleur, in-fol., par *Debucourt.* Cette pièce peut être regardée comme une des plus belles de l'époque Très-belle ép. Rare.

854 — 28 février. Chevaliers du poignard désarmés, 4 compositions différentes, 2 sont coloriées. — Affaire de Vincennes. — Entrées libres, Girardet, Bertault, 2. — 7 pièces.

VOYAGE DE VARENNES

855 La Fuite à dessein, scène de l'arrestation à Varennes, très-belle pièce en bistre, chez Guyot.

856 Capture of Louis XVI at Varenne, réduction in-8 de la même composition.

857 Journée du 25 juin 1791, Retour de Varennes à Paris. Belle pièce par Germain, marge.

858 Arrestation à Varennes, Berthault, Le Gourmand, etc. 4 pièces.

859 Barnave. — Barruel-Beauvert, 2 pièces au physionotrace. Quenedey, en couleur. — Rares.

860 Barnave, Andibran, avant la lettre, etc.; 3. — Bouillé, 2. — Drouet, maître de poste à Ste-Ménéhould, 2. — 7 pièces.

861 **1792**. Journée du 20 juin aux Tuileries. Louis XVI mettant la main d'un garde sur son cœur.

862 Dévouement de Madame Elisabeth, 2 grandes pièces en couleur, chez Vérité. Rares.

863 Louis XVI mettant la main d'un garde, réduction petit in-fol., par P. Adam, avant la lettre, toute marge. — Autres scènes aux Tuileries, 4 p.

864 **Madame Elisabeth**, in-8, Claessens, Tardieu, Massol, Bonneville et autres, 9 p.

INVASION DU TERRITOIRE FRANÇAIS
Par les Puissances étrangères alliées.

GÉNÉRAUX ÉTRANGERS

865 Clairfayt, Autrichien, in-8, Adam, in-4, avant toute lettre, 2. — Cobourg, Autrichien. — Frédéric-Guillaume de Prusse, 2. — Hohenlohe (Fréd.-Guil.). — L.-Ant. de Hohenlohe, son fils. — W. Pitt, en pied, in-fol. Cardon, in-4. Oven et autres, 5. — Fox et Pitt, deux masques accolés, par Adam. — Mort de Pitt et autres pièces satiriques, 4. — 17 p.

GÉNÉRAUX FRANÇAIS
Qui repoussèrent l'Invasion étrangère.

866 Aboville au physionotrace Chrétien, en 1790. — Duc de Chartres, in-8, S. Dagincourt, in-fol., Blanchard, chine, 2. — Custine, in-4. — Levachez, avant la lettre, etc., Sujet, 5. — Dampierre, 2. — Dumouriez, 6. Le Sauveur de la Belgique, etc., 2. — Houchard, 4. —

Jourdan, 7. — Kellermann père, 7. — Fils. — Le chevalier de Labourdonnaie, physionotrace Quenedey. — Luckner, 3. — Miranda, 2, très-rares. — Montesquiou. — Valence, 2. — Wimpfen (Félix). — Wimpfen (François). — 48 pièces.

867 Lettre du traître Bouillé sur la folie des tyrans; il est entouré de potences. — Retraite du héros de Pilnitz. La Mascarade, très curieuse, 3 pièces coloriées.

868 **1792.** Batailles de Valmy, 2. — Lille. — Mayence. — Jemmapes, 2. — Mons. — Varoux. — 1793. Breda. — Hondscote. — Moutiers. — Watignies. — Fleurus, 3. — 1795. Dusseldorf, 3. — Etc. 21 p.

869 1792, 11 juillet. La Patrie déclarée en danger, 3. — La Garde nationale part pour l'armée. — La Marseillaise, 2. — Dansons la Carmagnole. — Arbre de la liberté surmontée du bonnet rouge, aquarelle. — Sans-culotte dansant; le profil de Louis XVI l'étouffe. — La Contre-révolution, 2. — 11 p.

870 Costumes de représentant du peuple. — Citoyen français. — Législateur. — Etc. 5 pièces coloriées et autre. — 6 pièces.

871 Française devenue libre, colorié, rare. — Madame Sans-culotte. — Le bon Sans-culotte, 2 p. en couleur. — 3 p.

872 La Bascule patriotique. — Le Garde national revenant des frontières. — Ah! ça va mal. 3 p. rares.

873 **1792,** août, Joseph Barra, rare. — Edmond Burke, 2. Clavière. — Danton, 3. — Vignette. Manuel. — Pac'o. — Peltier. — Pétion, 5, et Sujet. — Rœderer, 3. — Triumvirat, Robespierre, Pétion, Rœderer, médaillon rond, rare. — Servan, 2. — Arrivée des Marseillais et autres, 3. — 26 p.

875 **Petion,** in-4. Levachez fils, en couleur, superbe. — Je suis entre le peuple et la loi, belle pièce en bistre, 2 pièces.

875 **Le Temple**. Vue extérieure des tours du château, in-fol. ovale, en bistre, rare.

876 Louis XVI écrivant son testament, ovale, in-fol. Keating, lettre grise.

877 Louis XVI donnant des leçons de géographie à son fils dans la tour du Temple, in-fol., et autres in-8. — 4 p.

878 **Cléry**, in-4. Audinet et autre, in-8. — Hannet. — Cléry. — Hue. 5 p.

879 **1792, Massacre de septembre**. Victimes et personnes sauvées. — Les Prisons où eurent lieu les massacres, 6. — Héroïsme d'Elisabeth Cazotte, etc., 2. — Mort de la princesse Lamballe, 3. — Journiac St-Méard. — Sombreuil, 2. — Collot d'Herbois, 2. — Égalité. — Entête de lettre de la République, etc., 3. — 20 p.

880 Jacques Cazotte, 2. — Journiac St-Méard, 2. — L'abbé Sicard et l'abbé de l'Epée, par Aubert, sourd-muet, etc., 4. — Mlle Sombreuil, 2. — Collot d'Herbois, 3. — Grégoire, 4. — Kersaint. — 18 p.

881 **Charnois** (J.-Ch. Levacher de), rédacteur du Modérateur. Joli port. en couleur, in-8, par Alix. Rare.

882 **Fauchet** (l'abbé Claude). In-8. Joli portrait à fond rouge. Rare. In-4. — Campion. — Croizier, 3 p.

PROCÈS ET JUGEMENT DE LOUIS XVI
Ses Défenseurs.

883 Barère, in-fol.; Denon, in-4; Levachez, etc., 5. — Defermont, 2. — De Sèze, in-fol., Aubry-Lecomte. — Lamoignon-Malesherbes, 4. — Lanjuinais, 2. — Robespierre jeune, 2. — Saint Just, 6. — Target, 3. — Tronchet, 4. — Vergniaud, 6. En tout. 35 p.

884 Fox. In-fol., d'ap. Reynolds et autres, 4. — Lepelletier-Saint-Fargeau, en petit ; *Je meurs content, le tyran n'est plus.* Très-rare. — Bonneville et autre. En couleur, 5. En tout, 9 p.

885 Lepelletier renonçant à ses titres. — Son assassinat, 3. — Louis XVI et Malesherbes, Comités révolutionnaires, etc., 6. En tout, 10 p.

886 — Assassinat de Lepelletier, par Paris. Belle pièce en couleur, par Brion. In-fol. Rare.

887 La Séparation de Louis XVI avec sa famille. Belle pièce en couleur, in-fol. Chez Vérité.

888 Louis XVI congédie sa famille le jour avant son exécution. Pièce allemande, par Henne. In-fol.

889 Louis XVI écoutant son jugement, 2. — Ses Adieux à sa famille, 3, etc. 6 p.

890 Louis XVI avec son confesseur Edgeworth un instant avant sa mort : *Fils de saint Louis, montez au ciel.* Grande et belle pièce en couleur, par Cazenave.

891 Edgeworth et Hannet Clery, en médaille, 2. — Santerre, 3. — Garat, 4. — Guillotin, 2. 11 portraits.

892 Machine proposée pour le supplice par M. Guillotin. Coloriée. Rare.

893 Pièces comme preuve que la guillotine n'est pas de l'invention de M. Guillotin. — Martyre de saint Jacques le Majeur, environ 1600, où l'on frappe avec un maillet sur le couteau. — Georges Penez, 1500 à 1550. Titus Manlius, un mouton tombe sur le couperet. — Aldegrever, 1553. Titus Manlius. Ces pièces sont rares. — Samson n'ayant plus rien à faire périr se guillotine lui-même. Très-rare. 4 p.

894 Tête de Louis XVI tenue par la main du bourreau. Chez Villeneuve. Cette pièce est extrêmement rare.

895 Inauguration de la place Louis XV. Avant la lettre. — Vue de la place Louis XV, par Née, en 1781. 2 p.

896 Tombeau, Allégorie et autres pièces sur la mort de Louis XVI. 5 p.

897 **Marie-Antoinette.** Très-petit. Legoux. Sur satin. Très-rare.

898 — Buste in-8. Grande coiffure. Dessin mine de plomb. C. L. Desrais del 1777. Sur vélin.

899 — de profil, à cheval. A la plume, lavé de bistre. Delarue, 1779. Au fond, une chasse.

900 — Mine de plomb et estompe. In-4, en buste.

901 — En grand costume, à mi-corps. In-fol. en couleur, avec encadrement richement orné et rehaussé d'or. La pareille épreuve s'est vendue 210 fr. en février 1859.

902 — In-4. Gabrielli. Au bas du portrait; le moment où elle va monter a l'échafaud. Rare.

903 — en pied. In-fol. En vestale. Tardieu. Avant et avec la lettre.

904 — comme Dauphine, par Hubert. — In-8, Lebeau. — Voyez et autres, in-4. Dupin, etc. 15 p.

905 La France recevant le Dauphin des mains de Marie-Antoinette. Avant toute lettre. Petit in-fol. Rare.

906 La reine annonçant à Mme de Bellegarde la liberté de son mari. Épreuve avant la lettre.

907 Mariage de Marie-Antoinette. — Allégorie. — Scènes. — Vues de Trianon, etc. 10 p.

FAMILLE DE MARIE-ANTOINETTE

908 François Ier d'Allemagne. — Marie-Thérèse d'Autriche. In-fol., petit; in-4, Cathelin, etc., 4. — Scènes de sa vie, 3. — Joseph II. In-fol,, Schulze et autres, 9. — Tombeau de Joseph II, allégories, 3. — Marie-Louise. — Josepha. — Léopold II en noir et couleur, 6. — Ferdinand. In-fol., Kieninger. — Duchesse de Brisgau. 30 p.

PERSONNAGES ET ÉVÉNEMENTS

Ayant influés sur la vie privée de Marie-Antoinette.

909 Charles-Philippe de France. In-fol., Audinet. In-8; en bas, 4 vers. *Sujet rebelle, homme sans foi.* Très-rare, 2. — Bezenval, 2. — Coigny. — La princesse Lamballe, 7, dont un dessin in-8. — Le prince de Lamballe, aquarelle in-8, marge in-4. — Le prince de Ligne, in-fol., Pichler, etc., 2. — La Duchesse de Polignac et sujets, 3. En tout, 18 p.

910 Mesdames tantes et belles-sœurs du roi. Adélaïde. — Victoire, 2. — Sœur Thérèse, in-4, Littret. — Le comte de Provence, 2. — Son épouse. — La comtesse d'Artois, par Cathelin et Dupin, 2. — 9 p.

911 **Le Collier** en brillants, de Boehmer et Bassenges, de la grandeur naturelle.

912 Personnages qui ont marqué dans cette affaire. Augeard, Bassanges, Bohemer, Bette d'Etienville, Courville, Oliva, Lafages, comte de Là Motte, Latour, Mullot, Vaucher et Loque. 11 portraits.

913 Cagliostro. In-4, Bartolozzi, Devère, Guérin, etc., 5. — La comtesse de Cagliossro. En couleur. 2 différents et autres, 4. — Mlle d'Oliva, 2. — Le comte de Lamotte. En couleur, et autres, 3. — Mme Lamotte. En couleur, et autres, 5. — Retaut de Villette. — Cardinal de Rohan. En couleur, et autres, 3. 26 p.

PROCÈS ET JUGEMENT DE MARIE-ANTOINETTE

914 Séparation de Marie-Antoinette d'avec sa famille. Grande pièce en couleur, in-fol.

915 Jugement de Marie-Antoinette au tribunal révolutionnaire. C'est le moment où elle en appelle aux mères. Grande et belle pièce en couleur.

916 Communion de la reine à la Conciergerie. Grand lithogr. par Bazin, d'ap. Menjaud. Rare.

917 La reine à la Conciergerie. Portrait et sujets, 3. — Place Louis XV. — Portrait et pièce satirique. 2. 5 p.

918 Fin tragique de Marie-Antoinette, exécutée le 16 octobre 1793. In-4 en bistre. Rare.

919 Billaud-Varennes. — Chabot. — Régénération du capucin Chabot, par Mercure. — Chabot donnant les étrennes à la nation. — Chauveau-Lagarde, 3. — Fouquier-Tinville, 3. — Son jugement. — Hébert, le père Duchesne, 3. 14 p.

920 Le Cointre, l'un des principaux témoins du procès de Marie-Antoinette. In-8, Masquelier. Très-belle épr. Très-rare.

ENFANTS DE LOUIS XVI

921 Mort de Louis-Joseph-Xavier-François, premier fils de Louis XVI, le 4 juin 1789. Allégorie. Très-rare.

922 La Duchesse d'Angoulême et le Dauphin enfant. Infol. par Blot, d'ap. Mme Lebrun. — Le même, par Geille. Chine.

923 Louis XVII en pied, en roi, par Heideloff. In-4. Rare, d'après une miniature au Temple. Claessens, Hourdain, et autres, 10.

924 Tombeau. — Compagnon de Louis XVII. — Je prie Dieu pour mon père. — Fête à sa naissance, etc. 5 p.

925 Simon, gardien de Louis XVII. Portrait et sujets, infol., par Garnier, d'après Mascré, et autre, 3. — Antoine Petit, chargé du procès-verbal de la mort, 2. 5 p.

926 Simon jouant aux cartes avec Louis XVII. Aquarelle attribuée à Houel. Provenant du cabinet du comte de V.

927 Les Faux Dauphins. Louis Perin de Lagneau se disant duc de Normandie, ex-baron de Richemont, 2. — Hervegault, Bruneau, Dufresne. — Mathurin Bruneau, 2. 5 portraits.

928 **Desrues**. In-8. Profil entouré d'attributs. — In-4, de
face. Ces deux portraits sont très-rares.

929 J. Chevalier, dit Poulaillier, adroit voleur. — N. Sauvage, berger de Poulaillier, et son complice, 2. Portraits
profil, in-4. Coloriés. Très-rares.

AÉRONAUTES

930 **Blanchard** (J.-P.). Kuffner, Newton. 2 portraits. —
La Traversée de Douvres à Blanay. — La 14ᵉ expérience
avec le chev. Lepinard, à Lille, 2 p. par Helman. — Le
Départ. Avant la lettre. 6 p.

931 **Garnerin** (Elisa). Aquarelle, in-8. Marge, in-4 — et
portrait avant et avec la lettre, 3. — André-Jacques
Garnerin. Avant et avec, 2. — Expérience du parachute,
par Simon Petit. Rare. 6 p.

932 **Montgolfier**, 3. — Mongolfiere à Tivoli. Colorié —
et autres expériences à Lyon, 2. 6 p.

933 **Pilatre de Rozier**. In-4. Collyer. Legrand, 2. —
Sa mort. — A l'honneur de MM. Charles et Robert. —
Bon Voyage. — Le Suffren à Nantes, 1784. 6 p.

ARTISTES
Acteurs, Musiciens, Peintres, etc.

934 Bervic, graveur, 2. — Vincent, peintre. — Garat. —
Gluck, Miger, Quenedey, 2. — Grétry, 3. — Rouget de
l'Isle, 3. 12 p.

935 **Grétry** étant jeune. Dessin crayon noir, rehaussé de
blanc.

936 Auriol. — Mˡˡᵉ Chameroy refusée par saint Roch et
reçue par saint Thomas, l'an 11-1802, 2. — Contat, 3.
— Costumes, 7. — Damas, 2. — Costumes, 4. — Da-
zincourt, 2. — Costumes, 3. — Desforges, 2. — Dugazon, 2. — Costumes, 3. Mᵐᵉ Dugazon. Monsaldy. En
couleur, etc., 3. — Nina. 35 p.

937 Fleury. In-fol., 2. — Costumes, 3. — Franconi, portraits. — Costumes, exercices Débucourt, etc. 10. —
Mme Gontier, 2. — Grandmenil, 3. — Michu Coutelier. Alix, en couleur, 2. — Raucourt. Portraits, costumes et sujets, 11. — 33 p.

GUERRE VENDÉENNE

Chefs royalistes qui ont commandé les insurrections.

938 Bonchamp. — Cadoudal. — Cathelineau. — Charette.
— D'Elbée. — Frotté. — Henri et Louis de Laroche-
jacquelin. — Lescure. — Stofflet. — Suzannet. — Tal-
mont. 11 portraits en pied. Lithog. in-fol.

939 Andigné. — Autichamp. In-fol. — Bernier, évêque
d'Orléans. — Boissière-Lennuic au Physionotrace.
Rare. — Bonchamp, 4. — Son tombeau. Dessin mine
de plomb. — Son tombeau, sa mort, trait de cou-
rage, etc., 7. — Renée Bordereau. — L.-H.-J. de
Bourbon-Condé. In-fol. Pedretti. Avant la lettre. —
Cathelineau, 3. — Son fils. — Chaumière de sa mère.
23 p.

940 Charette. In-8, in-4 et in-fol. 11. Plusieurs rares. — Sa
statue à Légé. — Mme Charette. — Arrestation et exécution, 4. En tout, 17 p.

941 Coislin. — Cormatin. — Jean Cottereau, dit Chouan, 3.
Du Doré. — Jacques Gourdon. — Henri de Larochejacquelein, 4. — Sa mort. — Marquise de Larochejacquelein. — Tombeau de Louis. — Auguste de Larochejacquelein, 2. — Henri, marquis de Larochejacquelein,
député. 3. — Suzannet. 20 p.

942 **Lescure.** Dessin au bistre, par Mme Meyer et la gravure. In-4. 2 p.

943 Faits historiques, Costumes vendéens, Vues, etc. 18 p.

GÉNÉRAUX DE LA RÉPUBLIQUE ET DE L'EMPIRE

Qui ont commandés en Vendée pendant les insurrections.

944 Aubert Dubayet, 3. — Bernadotte. — Berruyer, 2 Biron Lauzun. 2. — Canclaux, 2. — Grigny, 2. — Quantin. sujet. — Robert. — Statue de Travot, 1830. Turreau et sujet, 3. 18 p.

945 **Kléber**, 9. — **Marceau**. In-fol., en pied, par Sergent et autres, 7. — Mort de Marceau, par Girardet, et autres pièces, 8. — 24 p.

REPRÉSENTANTS DU PEUPLE

En mission dans les départements de l'Ouest.

946 Costumes de représentants du peuple en fonctions et aux armées. 2 p. coloriées.

947 Caillières de l'Etang. — Carra, 2. — Carrier, 4. — Carrier, Pinard et Grandmaison, le Flot qui l'apporta reculе épouvanté; Hors d'ici, vil gredin; la Gaillotte hollandaise; Compagnie Marat; Mariages républicains inventés par Carrier. — Exécutions et noyades à Nantes, 13. En tout, 20 p.

948 Fourcroix, 3. — Sa maison. — Goupilleau de Fontenay. In-4. Levachez, avant la lettre. — Lequinio. Rare. Lofficial. — Jeanbon - Saint - André. — Merlin de Douai, 5. — De Thionville. — Palasne de Champeau. — Philippeaux. — Prieur de la Côte-d'Or, 2. — De la Marne, 2. — Reubel, 5. — Thibeaudeau, 3. — Villenave. 29 p.

949 Bigarré, 2. — Comte de Coutard. — De Belle. — Grenot, négociateur du traité de la Mabilais — Grouchy, 3. — Hedouville, 5. — Hercé, évêque de Dôle. — Kergariou. — Lamarque, 3. — Sujets, 3. — Paysage, 2. Warren. 24 p.

950 **Hoche**. In-fol. Josi et autres, 10. — Combat de Werdt. — Mort de Hoche. — Prends mon poste, sauve la patrie. — Cérémonie funèbre à Wetzlar. 14 p.

951 Affaire de Quiberon. — Sombreuil fusillé. — La duchesse d'Angoulême, posant la première pierre du monument de Quiberon. In-fol. Maurin, d'ap. Couder. Mausolée. — Pacification de la Vendée. 7 p.

952 Monument destiné à honorer les victimes de Quiberon. 6 p. sur Chine.

GIRONDINS

953 Barbaroux. — Brissot, 3. — Buzot. — Chalier. — Couthon. — Dubois-Crancé. In-4 Miger et Bonneville, 2. — Gensonné, 2. — Gorsas. — Guadet, 2. — Isnard. In-8, Lips, etc., 2. — Lanjuinais, 3. — Louvet. — Les Girondins proscrits; maison où ils se réfugièrent, 4. 24 p.

954 Dernier repas des Girondins. Belle lithog. sur Chine, d'ap. J. Boilly.

RÈGNE DE LA TERREUR

955 **Chénier** (André). In-8. Jacquemin, d'ap. Dupont. Avant la lettre. Très-grande marge.

956 Bazire. — Cambon. — Carnot. — Clootz. — Couthon, 3. — Sujet. — Danton. — Desmoulins. — Hérault de Séchelles. In-4, avant toute lettre, etc., 5. — Lavoisier, 3. — Roucher, 3. — Rumford, 2. — Dévouement de Loiseroles pour son fils, 2. — 25 p.

957 **Marat**, à mi-corps, à la tribune. In-fol., Tourcaty. Rare. Très-belle épreuve, marge.

958 — In-fol., Boisson, d'après Boze. Avant la lettre, marge.

959 — Étant mort. In-fol. Copia, d'après David. Marge.

960 — Divers. 5 différents formats.

7

961 — Tombeaux. 3 différents.

962 — Inauguration du buste au tombeau, place de la Réunion. In-fol. Ransonnette.

963 — Son Triomphe, sa Mort, etc., 5. — Les Trois Martyrs de la Liberté : Lepelletier, Marat, Chalier. 6 p.

964 **Charlotte Corday**. En couleur. Massol. Au bas, l'assassinat. In-fol. Tassaert et autres, 6.

965 — assassinant Marat. Très-petit dessin à l'encre, par Kininger. — Par Schiavonetti et autre, 3. — Son arrestation, au tribunal. 5 p.

966 **9 thermidor an II**. Le Peuple français ou le Règne de Robespierre. Le peuple joue aux quatre coins avec la Liberté, l'Égalité, la Fraternité et la Mort, qu'il attrape. Très-belle pièce, très-rare, avec marge.

967 **Robespierre**. Divers formats. 6 portraits.

968 — Médaillon posé sur la planche de la guillotine. Très-rare.

969 — Robespierre guillotinant le bourreau, après avoir fait guillotiner tous les Français; il est ressemblant, les pieds sur les Constitutions de 91 et 93. Superbe pièce très-bien gravée, extrêmement rare. Marge.

970 — Le Triomphe des Parisiens : la main du bourreau tenant les têtes des deux frères. En bois. Excessivement rare. — Scènes diverses avant la mort. 5 p.

971 Barthélemy. — Billaud-Varennes. — Boissy-d'Anglas, 5. — Sa maison. — Cochon de Lapparent, 2. — Collot-d'Herbois. — Duhem. — André Dumont. — Ferraud. — Sa mort, 3. — François de Neufchâteau, 3. — Fréron, 4. — Goujon. — Henriot, 3. — C. Jordan. — Kervelegan. — Joseph Lebon. — Meda. — Romme. — Tallien, 5. — Vadier, 2. — 40 p.

972 Arrestation d'Henriot ; il fait retourner la charrette à la guillotine. — Les formes acerbes. — La dernière Charrette, et autres. 14 pièces.

973 **Babeuf** (Conjuration, l'an IV). Allégorie. Très-belle pièce et 4 portraits. — Buonarotti. — Dorsenne. — Robert Lindet, 2. — Ramel-Nogaret, 3. — Villot. 13 p.

974 30 floréal an V. Tirage au sort pour la sortie de l'un des membres du Directoire; les quatre restants dansent de joie. Rare.

975 **Assassinat des plénipotentiaires à Rastadt** le 9 floréal an VII. Bonnier. Dessin mine de plomb et autres, 4. — De Bry, 2. — Roberjot, 2. — Le Secret dévoilé. Grande et belle pièce par Simon Petit. Très-rare. 10 p.

CULTES RELIGIEUX
Enfantés par la République.

976 Chaumette, 2. — Mlle Maillard. En couleur, par Alix, à représenté la déesse de la Raison. — Don Gerle. — Cath. Théos. — Fabré Pallaprat et costume de grand-maître des Templiers, 2. — Lareveillère-Lepeau, chef des Théophilantropes, 3. — Costume] 11 p.

977 — Montagne élevée au champ de la Réunion pour la fête à l'Être suprême. Colorié et détail de la cérémonie. Le même, en noir, grande marge, et autre, 4. — Mahomet, théophilantrope. — Orateur, chef de famille, théophilantrope. 8 p.

978 **Le Culte naturel**. Scène du baptème du théophilantrope. Très-belle pièce à l'eau-forte par Mallet. Très-rare.

979 Caricatures et autres pièces sur la Révolution. Grand combat et bastringue. Aquarelle. — La balance de Thémis. — Trois têtes dans un bonnet. — Fête républicaine l'an V. — Soupers fraternels. — Chant du départ. — Égalité. 11 p.

980 Scènes de la Révolution, par Helman, d'ap. Monnet. 15 p. In-fol.

981. Constitution de l'an VIII. Sur un char entouré de Bonaparte et des généraux Augereau, Desaix, Kléber, Marceau, etc. Grande pièce avant la lettre.

NAPOLÉON

982 **Bonaparte**. Capitaine d'artillerie Blanchard, d'ap. Greuze. Sup. ép. Chine.

983 — Général en chef de l'armée d'Italie. En pied, en buste, à cheval, de l'in-8 à l'in-fol. 8 portraits.

984 — Premier consul. In-fol. Audouin, Chine. Morret, d'après Appiani, rehaussé d'or. In-8, Choffard et autres, en buste, pied et à cheval. 19 portraits.

985 — Empereur en buste, in-8. Massard, Roger, Vérité, en pied, d'après Charlet et autres, jusqu'à l'in-fol. 38 portraits, sujets et allégories, etc.

986 — Tête de profil. Dessin mine de plomb, in-8.

987 — Dessin d'un bas-relief, au bistre, sujet rond, par Bergeret, 1809.

988 — Dessin à la mine de plomb par **Charlet**. Composition. Napoléon à bord d'un navire, peut-être le Bellérophon.

989 — Vu de dos, attribué. — Vu de face au bivouac. Lithog. par Charlet. 9 croquis à l'eau-forte sur la même feuille et le portrait de Charlet. 4 p. Rares.

990 — In-fol., Audouin, d'ap. Vauthier.

991 — In-fol., Desnoyers, d'ap. Robert Lefèvre. Avant la lettre.

992 — In-4, Laugier. Avant la lettre, Chine et avec. 2 p.

993 — In-fol., Pradier, 1815.

994 — In-fol., Maille, d'ap. Girodet. Avant la lettre.

MAISON DE NAPOLÉON

995 Aignan (Etienne), 3. — Boyer, chirurgien, 2. — Corvisart, in-4. — Blot, etc., 2. — Estève, dessin à la plume, in-8. — Baron Fain. — Fievée, 2. — Fontaine, 3. — Mme Grassini, in-fol. en couleur, Reynolds. — Lesueur, musicien, 2. — Mounier. — Paisiello. — Percier, 2. — Reille. — Rode, 2. — Ségur, 5. — Spontini, 4. — Viotti, 3. 36 portraits.

MINISTRES CONSEILLERS D'ÉTAT

996 Abrial, in-8. Rare. — Barbé-Marbois, 2. — Bigot de Préameneu, 2. — Carteaux. — Chaptal, 3. Mlle Bourgoin, 4, et Georges. — Collin. — Defermon et Lancelot, 4. — Dejean, 2. — Fils. — Fouché, 8. — 30 p.

997 François de Nantes, 4. — Gaudin, 2. — Lacuée, 2. — Marbot, 2. — Mollien. — Petiet, 2. — Portalis, 2. — Regnault de Saint-Jean-d'Angely, in-fol., en pied, Pradier, etc., 3. — Regnier, duc de Massa, 2. — Sheridan, 4. — Stanhope, 2. — Treilhard, 6. 32 portraits.

998 **Napoléon et sa famille**. Six portraits. — Quatorze portraits, 2 p.

999 **Paoli**, général en chef de la Corse, 10 p.

1000 Marbœuf. — Charles Bonaparte, 3. — Lœtitia, 4. — Cardinal Fesch, 2. — 10 portraits.

1001 **Bonaparte** *Joseph*, in-fol. Ruotte avant la lettre, 5. — Marie-Julie Clary. — *Lucien*, in-4, par François, etc., 5. — Pierre-Napoléon Bonaparte, son fils. — *Louis*, in-fol. Ruotte avant et avec, in-8, Portman, rare, et autres, 8. — Hortense, 5. — Plantade, maître de chapelle 26 p.

1002 **Récamier** (Madame), amie d'Hortense, in-4, Cardon, en couleur, d'ap. Cosway, très-belle ép.

1003 — La même in-4. Buchhorn, Adam, etc. Son habitation. 4 p.

1004 — L'Indisposition d'une jolie femme à l'issue d'un bal. Rare.

1005 — *Jérôme*, in-fol. Ruotte, Muller avant et avec, et autres, 8. — Son mariage. chine. — Frédérique-Cath.-Sophie-Dorothée de Wurtemberg, 2. — Mathilde. — Demidoff son époux. — Le Prince Napoléon. — 14 p.

1006 **Bonaparte** M.-A.-*Elisa*, 2. — Gazelle qui lui est dédiée. — Bacciochi son époux. — Vignette. — Fontanes, 4. — Marie-*Pauline*, 4. — Général Leclerc, 2. — Le prince Borghèse, 2. — *Caroline*, 2. — Joachim Murat, in-fol. Ruotte avant la lettre, etc., 7. — Sur la frégate *la Cérès*, eau-forte de Descamps. — Habitation, etc. — Napoléon-Achille. — Lucien Murat, 3. — 33. p.

1007 **Bonaparte** *Caroline*, dessin in-4 mine de plomb, par Brune.

1008 **Joséphine**, impératrice, dessin in-4 au bistre, ovale. — Blanchard, d'après Prudhon, Bertonnier, Weber, etc., son tombeau, 10 p.

1009 Les enfants de *Mme Tallien*, lithog. par elle-même, 6 septembre 1816. In-4 ovale en travers, rare.

1010 Lemarois, lieut.-général. — Mlle Lenormand, nécromancienne. — De Pourtalès. — Mme Tallien, 3. — Habitation à Chimay. — Alexandre Beauharnais, 5. — Ses adieux. — 13 p.

1011 **Beauharnais** (Eugène). In-fol. Ruotte avant la lettre et autres, 10 p.

1012 — Et sa femme Amélie de Bavière, in-fol. Caroni, 2 p. avant la lettre.

1013 — Son mariage et autres scènes, 3. — 2 vues de châteaux dédiés à sa femme. — Leuchtemberg à cheval.— Mme Campan, 4. — Comte de Lagarde. — Fanny de Beauharnais, 3. — Stéphanie de Beauharnais, par Kessler, etc., 3. — Ch.-L.-Fréd. de Bade, 2. — Ch.-Léopold de Bade, 3. — 22 p.

1014 Mme Lavalette, 2. — Comte de Lavalette, 4. — Avec Bruce, Hutchinson, Wilson. — Evasion du comte de Lavalette, 4. Wilson, 2. — 13 p.

1015 Château de Malmaison, 6, de l'in-8 à l'in-fol.

1016 Château de Navarre, aquarelle par la comtesse Merlin, et son portrait par Hoopwood avant la lettre, chine, 2 p.

1017 Demande solennelle à l'empereur d'Autriche ; — à l'impératrice. — Cérémonie du mariage à Vienne. — La remise à Braunau. — Première entrevue dans la forêt de Soissons. — Arrivée à Compiègne, colorié. — Palais et forêt, 2. — Calèche et voiture de cérémonie, 2. — Entrée à Paris. — Mariage, 3. — Corbeille. — 15 p.

1018 **Marie-Louise**, in-4 Rahl, toute marge.

1019 — Dessin in-8, buste, Toschi, Bertonnier, Audouin, Ruotte, avant et avec la lettre, et autres, 14 p.

1020 **François Ier**, empereur d'Autriche, in-8, Durmer et autres ; dans son cabinet, in-fol., etc., 7. — Le prince Charles, in-fol. Audouin, etc., 6. — Meneval. — 14 p.

1021 **Dubois**, in-4, Defrey, avant et avec, etc., 3 p. — Sa maison. — Naissance du roi de Rome. — Présentation d'après Zix, par Primavesi.

> Du plus auguste hymen, du lien le plus doux,
> Voyez le fruit qui vient d'éclore,
> Voilà votre Princesse. — Ah ! réjouissons-nous,
> Le soleil est toujours précédé par l'aurore.

— En tout 6 pièces.

1022 **Le Roi de Rome**. Desnoyers d'après Gérard, Weiss. 1819, Fischer d'après nature, mort avant d'être terminé, sur son lit de mort, Stober in-fol. Chine, etc., 19 pièces.

1023 — In-4, Roger d'après Prudhon, chine avant l'adresse et blanc avec, 2.

1024 — Scènes de sa vie et allégories, 8 p.

NAPOLÉON (Iʳᵉ ÉPOQUE)

De sa Naissance (1769 à 1794).

1025. Vues d'Ajaccio, 2. — Sa maison, 2. — Chapelle où il fut baptisé. — Prédiction de l'archidiacre Lucien, 2. — Enfance de Napoléon à Brienne, grande lithographie par H. Vernet. — Réduction in-8, etc., 4. — Plan et vues de l'Ecole militaire, 4. — Auxonne. — Douai. — Lyon, 8. — Valence, 4. — 30 pièces.

1026 Marbeuf. — Médaille. — Napoléon, lieut.-colonel. — Arnault académicien. — Sa maison. — Laplace, 3. — Montalivet, 2. — Norvins, 2. — Pichegru en pied, Bock. — Raynal, 4. — L'abbé Raynal en délire, colorié. — Ségur, des Fastes de la gloire. — 20 p.

1027 **Siège et reddition de Toulon**. Plans, vues et batailles, 12 p. Hondchotte, Montagne-Noire, mort de Dugommier, etc., en tout 16 p.

1028 Le duc d'Yorck, roi des sections de Toulon, Lyon, etc. — Subsistances portées par le duc d'Yorck à Toulon, 2 p.

1029 Delbrel. — Dugommier, 2. — Lord Hood, 2. — de Pontécoulant, 3. — Letourneur de la Manche, dessin à la mine de plomb, par Chavard, d'après le médaillon de Debay, 9 portraits.

1030 **Assassinat de Basville** à Rome, 13 janvier 1793, très-belle pièce à l'eau-forte, par Masquelier, rare.

NAPOLÉON (2ᵉ ÉPOQUE)

**Du 13 vendémiaire (4 octobre 1794) à la fin du Consulat
(2 décembre 1804).**

1031 Bonaparte. — 13 Vendémiaire. — Arrivée à l'armée
d'Italie. — Nice, 2. — Voltri. — Montenotte, 2. — Mil-
lessimo, il reçoit les drapeaux. — Cossaria, 2. — Passage du Pô. — Entrée à Milan, 2. — Pont de Lodi. —
Castiglione, 3. — Brenta, — Arcole, 5. — Rivoli, 4. —
Joubert à Rivoli, sa mort, 3. — Carona. — Mantoue.
— Zurich. — Gênes — et autres sujets et batailles,
49 p.

1032 La joie du peuple français, à l'annonce du traité de paix,
d'après Debucourt. — Fête à Bonaparte au palais du
Directoire, après le traité de paix de Campo-Formio. —
Entrée à Milan. — Ces 2 p. sont à l'eau-forte et avant
la lettre. — 3 p.

1033 Augereau, in-fol. en pied au pont d'Arcole, Ruotte, etc.,
7. — Henri de Bellegarde Autrichien. — Cacault avant
et avec la lettre, 2. — Faipoult, in-8, Delaunay, rare. —
Joubert, in-4, Villeneuve et autres, 6. — Masséna, 6. —
23 p.

1034 Pie VI, in 8, Adam, Benedict, etc., 5. — Ne craignez
rien, citoyen de Paris, la Bulle et le Saint-Père n'ont
rien à faire ici, en couleur et autre, 2. — Salicetti, dessin à l'encre de Chine, in-8 d'après Vicart. — Scherer,
2. — Serrurier, 2. — Souvarow, 3. La princesse Souva-
roff, lithog. in-4. — Wurmser, 3. — 19 p.

EXPÉDITION D'ÉGYPTE (1798 A 1801)

1035 **Bataille des Pyramides.** Beau dessin à l'encre
de Chine par Lengendick.

1036 Dessin à l'encre de Chine de quatre fragments de sculpture égyptienne, par Jomard.

1037 Revue à Lyon. — Toulon. — Malte, 3. — Alexandrie, 2. — Les Pyramides, 7. — Le Caire, 3. — Révoltes du Caire, par Lorichon, sur Chine. — Aboukir, 2. — Benouth. — Mort de Beaupuy et autres faits d'armes, 25 p.

1038 Médaille de l'Egypte conquise. — Beaupuy. — Belliard in-fol. en pied, Maria-Lavigne, etc., 3. — Berthollet, 2. — Breguet et sa maison, 2. — Brueys, 3. — Denon, in-4, eau-forte, par lui-même, Boilly, 2. — Desaix, in-4, Fiésinger et sujet, 2. — Dommartin. — Emeriau, 4. — Fourier (J.-B.)., 2. — Friant, 2. — Geoffroy-Saint-Hilaire, 2. — Larrey, 4. — Lejeune, 2. — Monge, 4. — Nelson, in-4 en couleur, dessin au crayon noir, in-fol., etc. Son tombeau, 6. — Redouté, in-4 Pradier, etc., 2. — Sucy et sujet, 2. — 47 p.

1039 Jaffa, plan, les Pestiférés, Desgenettes et Napoléon à l'hôpital de Jaffa, Montabor, Nazareth, le Désert, Saint-Jean d'Acre, par Charlet, vues et plan de Saint-Jean-d'Acre. Aboukir, Fréjus, etc., 30 p.

1040 Bon (Pierre). — Cafarelli du Falga, 4. — Fontaine Cafarelli à Brest. — Cafarelli, lieut.-général, 2. — Daure. — Desgenettes, 3. — Ganteaume. — Gros, peintre des pestiférés de Jaffa. Sa maison, etc., 7. — Méhémet-Ali. — Rampon, 2. — Sélim III, in-fol. Muller. — Sidney Smith, 7. — 31 p.

ARMÉE D'ÉGYPTE
Après le départ de Napoléon.

1041 **Kléber**, dessin à l'encre de Chine et bistre, in-4 par Mme Meyer.

1042 Keith, 2. — Kléber, 5. — Assassinat de Kléber, 3. — Son assassin, à l'eau-forte, par Dutertre, avant la lettre. — Menou, 3. — Poussielgue. — Verdier, sujet, Bataille d'Héliopolis, etc., 4. — 19 p.

1043 Directoire exécutif, en tête de lettre, in-4 par Roger, d'après Naigeon. Très-belle ép.   7

Costume de membre du Directoire, colorié. Barras (Paul), premier du nom, roi de France, de Navarre, etc., pièce curieuse et rare et autres, 6 p. — Roger Ducos, 3. — Gohier, 2. In-fol. lithog. — Baron Lagarde. — Moulin en pied, en costume colorié. — Letourneur de la Manche. — En tout 16 p.

18 BRUMAIRE

1044 Conférence de Bonaparte et Sieyès. — Habitation de Bonaparte rue de la Victoire, 3. — Les Députés repoussés des Tuileries. — Journée du 18 brumaire à Saint-Cloud, 3. — Vues de Saint-Cloud, 2. — Luxembourg, 2. — 13 p.   8

1045 Les trois consuls, Bonaparte, Cambacérès, Lebrun, in-4, *Chataignier*, colorié et autre, 2.   2 50

1046 **Cambacérès**, in-fol. *Levachez*, en couleur, au bas, Barthelemy présente l'acte de consulat à vie. Belle pièce.   4 50

1047 Barthelemy, 3. — Cambacérès, 4. Loge aux Variétés, à Versailles, A la plus belle, le Poisson d'avril, Quel friand morceau ! les Gastronomes, suite de la promenade au Palais-Royal, ma Tante, Pompe funèbre de ma Tante, la petite Loge, Mlle Cuisot dans 2 rôles, Mlle Minette, rôles, 4. — Marquis de Cussy. — Grimod de la Reynière. — Lebrun, in-8, Henriquet, Dupont et autres, 4. — En tout 29 pièces.   10

1048 Napoléon passant les Alpes, in fol. Prévost, chine. — Le Mont Saint-Bernard. — Aoste. — Lecco. — Marengo. — Convention après la bataille — et autres, la plupart chine, 18 p.   4

1049 Berthier. — Desaix, 6. — Kellerman fils. — Lannes en pied par Aubertin. — Latour d'Auvergne et sa statue, 9. — 18 p.   3 25

EXPÉDITION DE SAINT-DOMINGUE

1050 Les Mortels sont égaux, noir et blanc, pièce allégorique, colorié.—Prise du rocher le Diamant et autre. — Ferrand, sujet. — Général Boyer. — Leclerc, en pied et à cheval, 2. — Villaret de Joyeuse, 3. — Boyer, président d'Haïti, 2 lithog. in-fol. — Christophe, 2. — Mentor. — Pétion, 4. — Toussaint Louverture, 2, — 21 p.

1051 Tout saint en général, ne fait pas miracle, se vend au Cap. Superbe ép., marge.

VOYAGE DE NAPOLÉON DANS LE NORD DE LA FRANCE

1052 Prise d'Anvers, 1794. — Voyage du Premier Consul en l'an XI. — Son entrée à Anvers, 2. — Vue de l'Escaut, le Friedland, etc. — Malouet auquel furent confié l'amélioration du port, in-fol. Vanderbergue et autres, 4 en tout 12 p.

1053 Entrée de Napoléon à Anvers en 1803. Très-grand in-fol. Vanden Bergh.

1054 **Machine infernale**, in-fol. colorié; autre vue avec le plan du quartier, etc., 3 p. rares.

1055 — Personnages du procès de cet attentat, 33 portraits in-8.

1056 — Georges, fameux chef de brigands, etc. — Cadoudal, 3. — Débarquement, Arrestation, 3. — Lecourbe, 2. — Moreau, in-fol. Audouin, Chataignier, etc., 13.— Pichegru, 2. — Son arrestation. — 25 p.

1057 Conquête de la Hollande, 2. — Napoléon accordant à Mme de Polignac la grâce de son mari, 2. — Monument du général Pichegru. — Hohenlinden — Kehl — Ypres, etc. 11 p.

ARRESTATION, JUGEMENT ET EXÉCUTION DU DUC D'ENGHIEN

1058 Condé (Louis-Joseph de Bourbon, prince de Condé). In-fol. Bartolozzi, etc., 6. — Louise-Adélaïde de Bourbon, sa fille, abbesse de Remiremont. — Grande armée du ci-devant prince de Condé, colorié. — Défaite des contre-révolutionnaires, colorié. — Louis-Henri-Joseph duc de Bourbon. — Son épouse. — 11 pièces.

1059 Enghien (L. A. H. de Bourbon, duc d'). In-4, Cardon et autres, 10. — Avec son exécution au bas. — Château de Chantilly où il est né. — *Colin court* au pont de Kehl, colorié, rare. — Jugement. — Château de Vincennes. — Hulin, aquarelle et médaillon de David, procédé Collas, 2. — 17 p.

NAPOLÉON (3ᵉ ÉPOQUE)

De la fin du Consulat jusqu'à l'embarquement sur le Belerophon.

1060 Napoléon. — Médailles, 4ᵉ année du Consulat, empereur. — Armes et sceaux de l'Empire français, colorié. Proclamé empereur, avec explication des personnages, 3. — Cortége pour le sacre, 2 pièces coloriées, par Leleu, 1804. — Sacre et couronnement, Beyer, Queverdo, Frilley, 3. — Explication — donnant les aigles à l'armée, in-fol. Malbeste, d'après Isabey, etc. 2. — Pie VII sur la Saône, eau-forte de Boissieu. — Fête à Paris pour le concordat, en bois. — Retour de Pie VII à Rome. — Le Château Saint-Ange, etc., 25 p.

1061 Belloi archevêque, en couleur, etc., 2. — Sur son lit de parade, colorié. — Cardinal Caprara, dessin in-8 à l'encre de Chine, costumes, 3. — Carnot, 5. Cardinal Consalvi, in-4, Testa, en pied, Wagstaff, in-fol., Lewis.

Ces 2 derniers d'après Lawrence sont Gonsalvi et ne doivent pas être le même personnage. — Duvoisin, évêque de Nantes, 2. — Melzi d'Evil, noir et colorié, 2. — CardinalPacca, 2.—Pie VII, par de Boissieu, Mme Mongez, etc., 9. En tout 29 p.

CAMPAGNE D'AUSTERLITZ

1062 **Clarke**, duc de Feltre, in-fol. en pied, Massard.

1063 **Louis Ier**, roi de Bavière, in-fol. Forster sur chine.

1064 Bruix, amiral, 4. — Clarke, duc de Feltre, 2. — Guil.-Ch.-Frédéric II de Wurtemberg, 3. —Frédérique-Wilhelmine-Caroline — Guillaume de Wurtemberg, in-fol. Muller, etc., 4.— Louis I de Bavière, 4.—Son épouse. — Lola Montès, bois et autre, 3.—Baron de Mack, in-8. Adam, noir et couleur, caricature, 3. — Magon. — Maximilien-Joseph de Bavière, in-8 et in-fol. Hess. et autres, 8. — Montgelas. — Morlant et sujet, 2. — Nelson et sa mort, eau-forte et avant la lettre, d'ap. Westall, 3. — Rosily Mesros, in-4 chine avant la lettre. — Vauquelin, in-4, Dequevauvillers. — 42 pièces.

1065 Projets de descente en Angleterre, la Thiloriere, Combat et Fête à Boulogne, Trafalgar, 1805, Réception de Napoléon en Allemagne, Entrée dans Munich, Prise et capitulation d'Ulm, eau-forte par Malbeste, Augsbourg, Lintz, Entrée dans Vienne, Bataille d'Austerlitz et plan, Entrevue de Napoléon et François II, Napoléon à Austerlitz, 2 portr., Statue de Napoléon, la 1re en Romain, les Royalistes à la colonne, 2e statue et réédification, et autres faits d'armes, 38 pièces.

INVASION DU ROYAUME DE NAPLES

1066 Entrée de l'armée dans Naples. — Vue de la ville — Championnet, in-4 Morglien, etc., 2. — Ferdinand IV. — Caroline. — Ferdinand II. — Marie-Caroline-Louise. — Général Pepe. — Pérignon, in-8 et in-fol. 5. — 14 p.

CAMPAGNE DE PRUSSE

1067 Frédéric II, roi de Prusse, étant jeune, in-fol. Wille, d'ap. Pesne, ancienne et très-belle ép. Cabinet Gabel.

1068 Frédéric-Henri-Louis, in-fol. Schmidt, d'après Vanloo. Très-belle ép., marge.

1069 Frédéric-Guillaume, dans une lanterne : *Si tu ne crains pas la déchéance, crains la suspension.* En bistre, rare.

1070 Frédéric-Guillaume III, in-fol, Forster, lettre grise, chine.

1071 Louise-Auguste Wilhelmine, reine de Prusse, aquarelle ovale in-4.

1072 Brunswick-Lunebourg. — Dalberg, prince primat, in-fol. Muller et autres, 6. — Davoust, 2. — Frédéric Ier, — Frédéric II, in-fol. Koll, Marais, etc., 4. — Passant la revue, d'ap. Chodoviecki. — Frédéric, prince de Prusse, à cheval, in-4, Berger, etc., 2. — Frédéric-Guillaume, 2. — 19 p.

1073 Fréd. Guil. III en pied, lithog. Heine, Lignon et autres, 8. — Son épouse, in-4, Tardieu. — Fréd.-Guil. IV et son épouse, 3. — Gentz. — Hardenberg, 2. — Haugwitz, noir et couleur, 2. — Jacob Keith. — Kleist. — Lariboissière, 3. — Rapp. — En tout 22 portraits.

1074 Entrée de l'Empereur à Berlin. — La colonne de Rosbach, 2 p in-fol. par Allais, d'après les croquis de Debret, rares.

1075 Entrevues de Napoléon et du prince Primat, et du grand duc à Wurtzbourg, bataille d'Iéna, d'Erfurt, Entrée à Inspruck, Leipzig, à Berlin, Grâce accordée à la princesse d'Harzfeld, Potsdam, Tombeau de Frédéric, etc., et autres faits d'armes.

CAMPAGNE DE POLOGNE

1076 **Auguste III**, roi de Pologne, in 4, Daullé.—Bennigsen,
5. — Adam Czartoryski, in-fol. Geiger à Vienne, 1799,
etc., 3. — Dombrowski. — Hautpoul, 2 et sujet. — Jablonowski (Stanislas). — Kosciusko, in-4 Fiesinger,
John, in-8, Josi, in-fol. et autres, 5. — Lefèvre, dessin
au bistre, genre Desrais, et autres, 4. — Stanislas-Auguste II, in-fol. Klauber. — Poniatowski de l'in-8 à
l'in-fol., 9. — Skrzynecki. — 34 p.

1077 Réveil de la Pologne, Bataille d'Eylau, Dantzick, Friedland, Entrevue de Napoléon et d'Alexandre Ier, la reine
de Prusse à Tilsitt, et autres, 16 pièces.

ALEXANDRE Ier
Sa famille, ses Généraux.

1078 **Alexis**, fils de Pierre Ier. In-fol., Wortman. Beau. —
Pierre III. 2. — Catherine II. In-4, Guttemberg et
autres. 4. — L'enjambée impériale, coloriée. Pièce
curieuse. — Paul Ier. In-fol., Klauber ; in-4, Schiavonetti, etc. 6. — 13 p.

1079 **Alexandre Ier**. In-fol. Audouin, Klauber, etc. 8. —
St-Pétersbourg. — Allégorie. — Élisabeth Alexievna.
In-4, Mecou. 2. — Constantin. 3. — Son épouse.
— Nicolas Ier. Lithog. in-fol. 2. — Son épouse. 2. —
Le grand-duc Michel. — Alexandre II. 24 p.

1080 Anhalt Bernbourg. — Charles-Jean de Suède. — Kourakin. In-fol., Klauber. — Baronne de Krudener. 3. —
Colonel La Harpe. — Nesselrode. — Orloff. 2. —
Paskewitsch. Lithog. in-fol. — Platoff. In-fol., Klauber
et autres. 4. — Sa sœur, qui offrit sa fortune,
50,000 dollars, pour tuer Napoléon. — Pozzo di Borgo.
In-fol., Garnier, avant la lettre, etc. 3. — Romanzow.
— Rostopchin. — Woronzow. 2. — Vitali. 24 p.

1081 Charles III, roi d'Espagne. **3.** — Charles IV et sa famille. Groupe de sept portraits. — Charles IV. In-4. **2.** — Marie-Louise, protectrice de Godoï, prince de la Paix. In-fol., en pied, Fosseyeux et autres. **4.** — Ferdinand VII et son épouse. **4.** — Marie-Christine. **2.** — Munos duc de Rianzares. Lithog. in-fol. Rare. — Don Carlos. **3.** — Isabelle II. **3.** — Don François d'Assise. — Comte de Montemolin. In-fol. Lithog. 26.

1082 Château de Valençay. — Château de Madrid. **5.** — L'Escurial. Belle-Vue. In-fol., Vischer ex. — Autre. — Bayonne, Compiègne, etc. 11 p. Champagny duc de Cadore. **3.** — Savary Rovigo. **4.** — 18 p.

SÉJOUR DE NAPOLÉON A NANTES
A son retour de Bayonne.

1083 Berthier. **10.** — Tête de lettre. — Bertrand. In-4. Dessin à la plume et autres. **9.** — Careme. **2.** — Decres. **6.** — Dufour et sujet. **2.** — Dupont. **3.** — 33 p.

1084 Duroc. **6.** — Comte d'Hauterive. **2.** — Marescot. — Maret, duc de Bassano. **5.** — De Pradt, dessin in-4., mine de plomb, d'ap. David, etc. **4.** — Roustan, mameluck. Aquarelle in-8. Marge. In-4. — Talleyrand. **13.** — Charge, cathédrale d'Autun. — Château de Servan. 35 p.

GUERRE D'ESPAGNE
Précédée de la Conférence d'Erfurth.

1085 Aguado, marquis de las Marismas. Rare. — Aguado, guitariste. — Duc de Bellune. — Cabrera. In-8, in-fol. **2.** — Général Colbert. **2.** — Espartero. **2.** — Comte Foy. In-fol., Lefèvre, avant la lettre, chine. In-4. lithog. par H. Vernet, etc. **8.** — Son épouse. — Gœthe. **2.** —

8

Gouvion Saint-Cyr. — Martinez de la Rosa. — Mazar-
redo. 2. — Mina. 2. — Narvaez. — Quiroga. In-fol.,
H. Vernet, etc. 2. — Suchet. 2. — Toreno. 2. —
33 p.

1086 **Foy**. La Statue et les bas-reliefs du tombeau du général. 8. In-fol., Leroux.

1087 Vellington et ses combats en Espagne et Portugal. 22 p.
par Duplessis-Bertaux. Rares.

1088 Conférence d'Erfurt, Girardet, avant la lettre, etc. 4. —
Somo Sierra, Madrid. — Capitulation. — Saragosse,
la Corogne, Castalla et autres. 26 p.

GUERRE DE PORTUGAL

1089 Jean VI. — Don Pedro. Lithog. in-fol., etc. 3. — Son
épouse. 2. — Dona Maria. Lithog. in-fol. — Leuchten-
berg. — Don Miguel. In-fol., de Salles, etc. 2. —
Comte de Barca. — Holstein de Palmela. 2. — Da
Silva. — Vilalsboas. — Lord Beresford. In-fol., en
pied. — Junot. In-4 et in-8. 7. — Duchesse d'Abrantès,
par Gavarni, etc. 8. — 26 p.

1090 Embarquement de la famille royale, et le prince régent
de Portugal. Belle p. in-fol. — Prise d'Oporto, etc.,
et autres faits historiques de Napoléon. 9 p.

CAMPAGNE DE 1809

1091 Andreossi. 3. — Lord Chatam. — Davoust. 5. — Grenier. 2. — Lagrange. — Lannes. — Sa mort. 3. — Ses
fils. 4. — Lasalle. 5. — Macdonald, dessin au crayon
noir. In-fol., et autres. 10. — Marmont. — Mouton. —
Oudinot. In-fol., Forster et autres. 5. — 46 p.

1092 Bivouac de l'Empereur, près le château d'Ebersberg.
4 mai 1809. Grande composition. Dessin au bistre, par
Taunay.

1093 Napoléon harangue les troupes bavaroises à Abens-
berg. Bataille d'Eckmuhl. Ébersberg, Vienne. Vues :
Essling, passage du Danube. Plan et bataille de Wa-
gram, etc. 24 p.

ABDICATION DU ROI LOUIS BONAPARTE
Et Réunion de la Hollande à la France.

1094 Guillaume-Ier d'Orange. — Guillaume Ier, roi des Pays-
Bas. In-fol., en pied, d'ap. Odevaere. In-4, Lange, etc.
4. — Guillaume II, roi de Hollande. 2. — Daendels. In-4,
Hodges. — Hogendorp. Lithog. in-fol., avant la lettre.
— Limburg-Stirum. Lithog. in-fol. — Schimmelpen-
nink. — Verhuel. — Entrée de l'armée française à
Amsterdam. 13 p.

GUERRE DE RUSSIE

1095 Bagration. — Barclay de Tolly. 2. — Caulincourt
jeune. — Caulincourt aîné. 6. — Czernitscheff. 2. —
Gouvion Saint-Cyr. 4. — Gudin. 3. — Koutousoff. 2.
— Lariboissière, adieux de son fils. Lithog. in-fol. —
Malet. 2. — Montbrun. 2. — Rostopchin. 3. — Schwart-
zenberg. 4. — Ph. de Ségur. 2. — Tharreau. — Général Von York. 37 p.

1096 Passage du Niémen, Smolensk, la Moskowa, Moscou,
Kremlin, bivouac de l'Empereur, Saint-Pétersbourg,
retraite de Russie, etc. 29 p.

CAMPAGNE D'ALLEMAGNE 1813

1097 Ankarstrom. — Gustave III. In-8, Gaucher, avant la
lettre. — Gustave IV. — Bernadotte. In-8 et in-fol.
12. — Désirée Clary. In-4, Qualia, d'ap. nature, etc.
2. — Oscar Ier. 2. — Frédéric VI de Danemark. 2. —
Christian VIII. 2. — Frédéric-Auguste de Saxe.
In-4, Steinla, etc. 2. — Marie-Thérèse de Saxe. 2. —
26 p.

1098 Bessières. 6. — Mathieu Dumas. 3. — Dumoustier. Dessin, mine de plomb, par Chavard, d'après le buste de Suc à Nantes. — Kotzebue, et son assassinat. 2. — Metternich. 3. — Son fils Victor. — Poniatowski et sa mort. 3. — Ernest de Saxe-Cobourg. — Wrede et sujet. 4. — 24 p.

1099 Dernière entrevue à Saint-Cloud, mort de Duroc, bataille de Lutzen, Hanau, Stockholm, et autres scènes et faits d'armes. 16 p.

GUERRE DE 1814 EN FRANCE

1100 Les illustres alliés. In-4. Colorié. — La même, gouachée et coupée en rond. — Cabanis. 2. — Dauménil dit la Jambe-de-Bois. 4. — Dessolles. — Langeron. 4. — Général Petit: Dessin à l'encre de Chine. In-8. Marge. In-4, etc. 2. Raynouard. 3. — Sacken. 4. — 22 p.

1101 La capitulation. Colorié. Caricature. — Napoléon refuse de signer la paix. — Affaire de Brienne. 2. — Champ-Aubert. 3. — Montmirail. 3. — Vauxchamp. — Montereau. 2. — Napoléon pointant le canon. 5. — Craonne. — Arcis-sur-Aube. 4. — Départ de Marie-Louise. — Bataille de Paris. — Plan du siége. — Bivouac des Anglais aux Champs Élysées. — Abdication. — Les adieux de Napoléon à son armée, à Fontainebleau. 6. Noir et colorié. — Vue de Fontainebleau. — Vincennes, etc. 40 p.

1102 Vues anciennes de Montmirail, Montereau, Château-Thierry, par Châtillon et autres. 7 p.

1103 Prisonniers de guerre, escortés de la garde nationale, passant dans Paris. In-fol., Alix. — Bivouac des Cosaques aux Champs-Élysées. In-fol., Jazet. — Entrée des puissances alliées. In-fol., Levachez. — 3 p. du temps.

L'ILE D'ELBE. — RETOUR EN FRANCE. — LES 100 JOURS
— L'ILE SAINTE-HÉLÈNE. — SA MORT

Translation de ses Cendres à Paris.

1104 Napoléon dans l'île d'Elbe, méditant son retour en France. 2. — Habitation. 2. — Anglesey. — Comte Béker. In-fol. lithog. Schuler, etc. 3. — Blücher. 6. — Bourmont. — Ses fils. 2. — Général Clouet. — Bulow. 3. — Cambermere. — Cambronne. In-4. Dessin ovale, crayon noir. Photographie in-8 et in-fol. — Campbell. — Carion-Nisas. — Benjamin-Constant. 5. — Sa maison. — Son convoi. In-fol. — L'abbé Coquereau. In-fol., Desmadril. 40 p.

1105 Drouot. 4. — Gourgaud. 2. — Grouchy. 5. — Lord Holland. 3. — Labédoyère. Profil rare. 2. — Sa mort. — Las Cases. In-8, Muller, etc. 3. — Las Cases fils. In-fol., en pied. Lithog. — Sir Hudson-Lowe. 3 États différents du même portrait. — Marchand, valet de chambre de Napoléon. — Mlle Mars. In-fol., Grévedon. — Très-beau, et in-8. 3. — Nicolas de Montholon, père du général. — Montholon. 3. — Wellesley. 2. — Wellington. Dessin au crayon noir. In-8, in-fol., en pied, Godby, autres et sujet. 9. — 43 p.

1106 Napoléon se rendant à l'île d'Elbe; en bistre. Embarquement sur le *Bellérophon*. 3. Carte de l'île d'Elbe, par Picquet. Porto-Ferrajo; colorié. Violettes du 20 mars 1815. L'unique pensée de la France. Bouquet désiré, etc. On annonce le retour de Napoléon; colorié. Embarquement pour son retour. 2. — Arrivée à Cannes, Fréjus, à Grenoble. Vues et plans à Lyon, aux Tuileries. Le Champ de Mai, par Girardet, avant la lettre. Bataille de Ligny, Waterloo, etc. 42 p.

1107 La garde impériale à Waterloo, d'ap. Raffet. — La
garde meurt et ne se rend pas, par Charlet. — Tombeau aux braves morts à Waterloo. — La loge rôtie;
colorié. — Intérieur de la Monnaie; colorié. — Vue de
Sainte-Hélène; carte et habitation. 8. — Napoléon à
Sainte-Hélène. 3. — Longwood. 3. — Derniers moments de Napoléon. 2. — Napoléon mort; son masque.
Dessin par M. Baudet du Larry. Mine de plomb. In-4
et autres. 5. — Convoi et tombeau. 3. — Arrivée aux
Invalides. 2. — 33 p.

1108 Sainte-Hélène. Translation des cendres de l'Empereur.
29 vues et portraits, avec texte. In-fol., Durand-Brager.
Expédition du prince de Joinville.

LITTÉRATEURS

Qui ont illustré le règne de Napoléon par leurs écrits
pour ou contre lui.

1109 Barthélemy, poëte. In-8, Johannot. — Bernardin de
Saint-Pierre et sa maison. 3. — Chateaubriand et son
château. 4. — Delille. In-fol., Vangelisty, Young, etc.
Sa maison, son tombeau. 8. — Ducis. Dessin. In-4.
Sépia, par Pradier, etc. 3. — Halevy. 2. — Lacépède,
sa maison. 3. — Lagrange, géomètre. — Lebreton. —
Lemercier. 3. — Lucé de Lancival. 3. — Méry, poëte.
2. — Michaud. 2. — Nodier. 3. — M⁰ᵉ de Staël, sa
maison. 4. — 43 p.

RESTAURATION

RÈGNE DE LOUIS XVIII

1110 **Louis XVIII.** Médaillon de profil. Dessin au bistre.
Grand in-8. Très-beau. — Deux valets portant le roi
sur un fauteuil. Croquis au bistre. 2 dessins.

1111 — In-fol. Debucourt, d'ap. Isabey. Ép. en bistre.

1112 — Et sa famille. La croix de saint Louis, formé des cinq portraits. Beau dessin au bistre. In-fol.

1113 — Louis-Stanislas-Xavier. In-4. Duponchel, comme roi. In-fol., Audouin, Massard. In-4, Godefroy et autres. 11. — Monsieur. — Madame. 2 port. In-4, Brookshaw. — Comtesse de Provence. 2. — Le roi et la charte. 2. — Alibert. 2. — Avaray. — Beugnot. — Beurnonville. In-8 et in-fol. 7. — Dambray. — Decazes. 2. — Comtesse du Cayla. — Dupont de Nemours. — Armoiries de Duras. — Le père Élysée. — Fauche-Borel. 3. — Marquis de Jaucourt. — Laisné. 4. — Leprévost d'Iray. — Saint-Aulaire. — 45 p.

1114 Mariage du comte de Provence, 1771. Paris, chez Basset.

1115 Entrée de Louis XVIII à Paris, passant sur le Pont-Neuf. 3. Mai 1814. Très-grand in-fol., Piringer. Eau-forte pure, avant la lettre et terminé. 2 p.

1116 Entrée de Louis XVIII à Calais. Méditant et octroyant la charte à Saint-Ouen. Maison de M. de Boffraut. Louis XVIII passant sur le Pont-Neuf. — Louis XVIII quitte le palais des Tuileries. 3. — Retour, 8 juillet 1815. Alix. In-fol. — Sa retraite à Hartwell. — Descente de croix. Semaine sainte de 1815. Girouette politique et littéraire. Réception et brevet d'un chevalier de l'Éteignoir. Conseil du duc de Blacas et autres. 8. — 20 p.

PRINCIPALES VICTIMES DE LA RESTAURATION

1117 Labédoyère, Ney et Lavalette. Trois profils superposés. Médaillon rare. — A.-M. d'Aboville, au physionotrace, rare. — Bellart. 2. — Berton et sa mort. 4. — Berryer père. 2. — Les sergents de La Rochelle : Bories, Pommier, Goubin et Raoulx, par Devéria et autres. Leur

mort. 5. — Maréchal Brune. 7. — Avignon et sa mort.
3. — Decaen. — De La Borde. — Despinoy. In-4.
Dessin à l'encre de Chine. — Dupont dit *Trestaillon*,
et sujet. 2. — 30 p.

1118 Les frères Faucher. 2. — Gruyer. In-4. Dessin au bistre
par Mme Meyer. La gravure. 2. — Lallemand. 2. —
Moncey. 7. — Mouton-Duvernet. — Ney. 5. — Scènes
de sa mort. 3. — Ravez. — Richelieu. 2. Vandamme.
— Viomenil. 2. — Si j'avais signé le traité de 1815, par
Charlet. 29 p.

RÈGNE DE CHARLES X
Sa Maison et sa Famille.

1119 **Comte d'Artois**. Sujet rebelle, homme sans foi, etc.
Portrait. In-8 très-rare.

1120 — Colonel des Gardes suisses : Dupin, Lebeau et autres,
avec sa sœur. 5 portraits.

1121 **Charles X.** In-4. Dessin au bistre, et autres. 5.

1122 Le comte d'Artois se rendant à la cour des aides. Son
entrée à Paris. Sacre. Titre du sacre. Intérieur des
Franciscains à Goritz. Voyage de Charles X à Dieppe.
8. — Revue de la garde nationale, etc. 18 p.

1123 Ménagerie royale. Caricatures sur Charles X et sa famille. 25 p.

1124 **Marie-Thérèse de Savoie**. In-4, Duménil, Dupin.
2 p.

1125 Duc de Damas. Baron de Damas. — Vicomte Daure et
école. 2. — Gilly. — Duc de Guiche. — Lauriston. 5.
— Nantouillet. — Ouvrard. — Polignac au physionotrace, et autres. 7. — Villèle. 4. Son habitation.
25 p.

1126 **Angoulême** (duc d'). In-4. Dessin au bistre, ovale. Crayon noir. In-fol., Audouin. In-4; Godefroy. In-8, Schiavonetti, etc. 11 p. Entrée à Bordeaux, priant sur les restes des victimes de Quiberon. Prise du Trocadero et autre, en Espagne. Son entrée triomphante. 15 p.

1127 Marie-Thérèse-Charlotte de France, fille de Louise XVI. In-4, en couleur, par Méchel, dessinée au télescope dans la prison du Temple. Profil. In-fol., manière noire, J. Léon à Vienne, 1796. In-8. Dessin, crayon noir : Bonneville, Gabrielli, Hourdain, Saint-Aubin, et autres enfant. 12 p.

1128 **Angoulême** (duchesse d'). In-8, ovale, en couleur, Godefroy, Richomme, etc. Au tombeau de ses parents. 7 p.

1129 Camus. 3. — Lamarque. — Quinette. 2. — Furent échangés contre Madame, à Bâle. Entrée de Madame à Paris, à Bordeaux, et vues. 10 p.

1130 **Berry** (duc de). In-4. Dessin au bistre ovale; à cheval, dessin au bistre. In-fol. Audouin. In-4. Godefroy, etc. 9 p. Entrée à Paris. Mariage. Louvel. 2 port. — Scènes des derniers moments du prince. Son tombeau, etc. 15 p.

1131 **Berry** (duchesse de). In-fol. Audouin, Maurin, etc., 5. — Avec ses enfants. Dessins à la plume de Lacour, etc., 6. — Son père François Ier et sa mère, 2. — Portraits et pièces se rattachant à la Vendée, 6. — Sa cachette. Entrée du Château de Nantes. Départ pour Blaye. Citadelle, etc. 33 p.

1132 Vues du château de Rosny. Côté de l'entrée et côté du Parc. 2 lithographies faites par *la duchesse de Berry*. Rares.

1133 Berryer, 8. — Bonnechose. — Adolphe de Bourmont. Cathelineau, 2. — Deferrari. Mlle Duguigny, Charlotte Moreau, Marie Bossy, 6. — Kersabiec, Marie, Amédée et Auguste, 3. — Mesnard. — Sala. 24 p.

1134 Mademoiselle de France enfant et duchesse de Parme, 5. — Château de Lucques. — Explication des personnages assistant à l'accouchement de la duchesse de Berry. — Deneux accoucheur. — Allégories sur la naissance du duc de Bordeaux. 2 dessins crayon, par Lacour fils. — Duc de Rivière. — Henri, comte de Chambord, 5. — Avec sa sœur, 3. — En Écosse, 6. — 25 p.

1135 Sancta Maria di Porto Salvo, à Naples. Vue lithog., signée *Henri, 1830*. Imp. à St-Cloud sur la presse du duc de Bordeaux. Rare.

EXPÉDITION DE MORÉE ET D'ALGÉRIE

1136 Sujets de la Révolution grecque, d'ap. Krazeisen. 5 lithog. — Destruction de Missolonghi. 2 grandes lithog., d'ap. Langlois. — Canaris. — Capo d'Istria. — Codrington. — Favier, 2. — Ibrahim-Pacha. — Mohammed-Aly, son père. — Maison Maréchal, 3. — Maurocordato. — Othon Ier, 2. — Rigny, amiral, 4. — Bataille de Navarin, 2. — Prise du château de la Morée. 27 p.

1137 Abdel-Kader, 3. — Sa réception à St-Cloud, Château de Pau. Chenonceau, 2. — Comte de Bourmont, 2. — Duperré, 5. — Dupuch, évêque d'Alger. — Hussein-Pacha, 3. — Sidi-Mahmoud. — Débarquement à Sidi-Ferruch. Attaque d'Alger, etc. 22 p.

1138 Bugeaud, d'ap. Ivon, Roubeaud, etc., 6. — Charon. In-fol., d'ap. Cornu. — Clausel, 4. — Combes. — Damremont, 2. — Drouet d'Erlon. — Eynard. — Lamoricière, 5. — Mustapha-Ben-Ismaël. — Maréchal Vallée, 3. — Yousouf. 25 p.

1139 Salle de Constantine à Versailles. Tente du caïd Ah.
Prise de Bougie. Sig Habrah. Sickak. Somah. Constantine. Bône. Siège de Constantine, 5. — Mazagran,
2. — Affroun. — Teniah de Mouzaia, 2. — La Smala.
— Bataille d'Isly, par Girardet et autres, 3. — Inauguration de la statue du duc d'Orléans à Alger. 26 p.

JOURNÉES DE JUILLET 1830

1140 De Barante, 3. — Son château. — Armand Carrel, 4.
— Chateaubriand, 3. — Ses habitations. Son tombeau,
5. — Chantelauze, 3. — Coetlosquet, 3. — Corbière. —
Corvetto. — Dumont d'Urville. — Feutrier, 2. —
Frayssinous, 2. — Guernon-Ranville, 3. — Haussez,
chine et blanc, 2. In-8. — La Bourdonnaie, 3. — Lafayette, 4. 41 p.

1141 Laferronays. — Larochefoucauld-Doudeauville. —
Manuel, 4. — Marmont. In-fol Forster et autres, 6. —
Martignac, 2. — Mauguin. — Montbel. — Pajol, 2. —
Pastoret, 2. — Peyronnet, 3. — Portal, 3. — Ravez, 2.
— Roy, 2. — Royer-Collard. — Salvandy. — Schonen. —
Semonville. — Siméon. In-fol. Mauzaisse. — Vaublanc.
Victor, duc de Bellune, 6. — 42 p.

1142 Pyramide élevée à Napoléon Ier, par les troupes du
général Marmont. Son altercation avec le Dauphin.
Château de Ham. Réunion Bérard. Combats dans
Paris, juillet 1830, 8 Semaine parisienne, 12. Pompe
funèbre, 28 juillet 1840. Départ pour Rambouillet.
Holy-Rood, 2. — Arrestation de Manuel en 1823. In-
fol., avec explication et autres, 3. — 31 p.

1143 Lieutenance générale du Royaume. Le duc
d'Orléans part du Palais-Royal. Arrivée à l'Hôtel-de-
Ville, par Nargeot. Explication. Proclamation. Signature. Barrière du Trône Le régiment de hussards. La

Chambre des Députés présente l'acte qui l'appelle au
trône. Explication. Prestation du serment. Explication.
Les drapeaux à la garde nationale. 8 p.

FAMILLE D'ORLÉANS

RÈGNE DE LOUIS-PHILIPPE Ier

1144 **Louis-Philippe I**[er] comme duc de Chartres. In-
fol. Chevillet. — Comme roi, Bein, Pauquet. In-4,
Danois, etc., 7. — Caricatures, Lord gueil et Lady vaga-
tion. Médaille, etc., 3. — Débarquement à Cherbourg.
Il donne leçon de géographie à Reichenau. Grande
lithog., par Chrétien, chine. Philippe-Égalité et sa
famille. La mère de Louis-Philippe, par Weber. 15 p.

1145 Montpensier, Antoine-Phillippe d'Orléans et son tombeau, 4. — Louis-Charles, comte de Beaujolais et son
tombeau. — Mad. Adélaïde. — Maria Stella. — Marie-
Amélie, reine des Français. In-8. Hoopwood, chine.
Rebel, etc., 5, visitant les blessés et les orphelins du
choléra, Ferdinand IV, son père. — L'abbé Guillon.
19 p.

1146 **Orléans** (Ferdinand-Philippe, duc d'), à cheval. In-4.
et autres, 3. — Son épouse, 2. — Le comte de Paris.
In-fol. Gaite, etc., 3. — Derniers jours de bonheur.
In-fol., lithog. de Grenier. — Sa mort. — Chambre où
il est mort. — Statue en pied. 12 p.

1147 Etudes lithographiées, signées F. d'Orléans, J[er] 1830.
Ep., chine. Rare.

1148 **Nemours** (Louis-d'Orléans). In-fol., par Pannier et
autres, 3. — Victoire, duchesse. — Canot des princes,
colorié. — Prince de Joinville, 4. — Duc d'Aumale, 4.
— La princesse de Salerne, 2. — Duc de Montpensier,
3. — La duchesse. 19 p.

1149 Louise-Marie, reine des Belges, 3. — Léopold Ier, 4. — Avec sa femme et ses enfants, almanach 1850. — Charlotte, sa 1re femme. — Son mariage. — La princesse Marie. — La statue de Jeanne-d'Arc, par Aristide Louis, chine. — La famille de Louis-Philippe. 14 p.

1150 Baudrand, comte, 2. — De Broglie, 2. — Choiseul. — Guizot, 5. — Ses deux femmes, 3. Laffitte, 8. — Molé, 2. Champlatreux. — Casimir Perrier. In-fol Lefèvre et autres, 6. — Alexandre Perrier. 31 p.

1151 De Quélen, 3. — Catafalque. — Soult. In-8 et in-fol. 8. — Thiers. In-fol., gravé., in-8. Pannier, etc., 6. — Caricatures, 4. — Vatout, lettre grise, chine. 23 p.

1152 **Régicides.** Alibaud. — Bergeron. Benoist et Mlle Boury. — Fieschi et ses complices, 6 têtes. Dessins à la mine de plomb, signé *Goupil 1836*, d'ap. nature. — Portraits et scènes de l'attentat, 9. — Hôtel Sébastiani. Assassinat de Mad. de Praslin. Mort du duc. 17 p.

1153 Comte d'Argout. Portraits et charges, 4. — Barthe. — Amiral Baudin. Avant et avec la lettre, 2. — Mme Lafarge, 2. — Baron Chassé. — Duchâtel. — Fitz-James, 2. — Gérard, maréchal, 7. — Jacqueminot — Lacuve-Laplagne. — Lobau. — Baron Louis, 2. — 24 p.

1154 Montalivet père et fils. — Mortier, 5. — Et. Pasquier. Sa maison, par Marot. Baron Pasquier, 3. — Raspail, 2. — Roussin, amiral. — Sébastiani, 4. — Taschereau, 2. — Vivien. 22 p.

1155 Bivouac de la garde nationale. La flotte force l'entrée du Tage, 2. Attaque d'Anvers et autres, en Belgique, 5. Ancône. Embarquement des restes de Napoléon, 2. — St-Jean d'Ulloa. Tentative d'assassinat à Fontainebleau. Château d'Eu, 2. Neuilly, 3. Le Rincy, 6 p. Marot. Versailles, 4. — 30 p.

1156 Réception au château d'Eu de la reine Victoria. Portraits, vues, fêtes, etc. 20 planches, in-fol., par Skelton et autres. Bel exemplaire, chine.

1157 Royal intimancy. Réception à Windsor de Louis-Philippe, par la reine Victoria. Grande lithog. coloriée.

1158 **Sectes religieuses.** L'abbé Chatel, fondateur de l'Eglise française. — Saint-Simon (comte de). — Le père Enfantin. In-fol. Grevedon. — Michel Chevalier, Barrault, M. Chevalier, Ch. Duveyrier. 5. p.

RÉVOLUTION DE FÉVRIER 1848

1159 Fuite de Louis-Philippe. Séance de la Chambre le 24 Février. Fêtes et cérémonies. Proclamation de la République, 4 mai. Allégories. Souvenirs de l'époque, etc. 19 p. Plusieurs coloriées.

1160 **Gouvernement provisoire.** Groupe de 11 membres du Gouvernement. — Albert. — Arago, — L. Blanc, 3. – Crémieux, 2. -- Dupont de l'Eure, 3. Flocon. 2. — Garnier-Pagès aîné et jeune, 2. — Lamartine, 6. — Ledru-Rollin, 2. — Marrast. — Marie. — 26 p.

1161 Étienne Arago. — Barbès, 5. — Buchez. — Camus de la Guibourgère. — Considérant. — Coquerel, 2. — Courtais. — Dufaure, 2. — Dupin aîné, 4. — Son château à Raffigny. — Charles Dupin, 5. — Emile de Girardin, 2. — Guinard. — Montalembert. — Proudhon et Pierre Leroux, et charges, 6. — 34.

1162 Plan figuratif de l'Assemblée en 1848. — 13 mai, envahissement de la salle. — Permanence. — Commissaire. — Flotte. — Huber. — Rattier. — Thoré. — Journées de juin 1848. 5 p. — Martin, garde mobile. — 14 p.

1163 Martyrs de juin 1848. Groupe de 9 portraits. — Affre, portraits, sujets et lit de mort, 5. — Bréa, 7. — Son assassinat, 2. — Débarquement de ses restes à Nantes. Accusés du procès Bréa. Groupe de 25 têtes. — Damesne, 2. — Dornès. — Duvivier, 4. — Négrier, 2. — 26 p.

1164 Cavaignac, général, 4. — Jellachich. — Kossuth. — Général Mellinet, commandant l'artillerie bruxelloise, 1830. — Pie IX. — Sibour, archevêque. 9 p.

NAPOLÉON III

1165 **Louis-Napoléon Bonaparte** (prince). Noir et couleur, d'après nature. 3. — Comme représentant du peuple, en buste, en pied, à cheval. 5. — Les trois cousins. — Son baptême. — Carte et vues de Boulogne. 4. — Strasbourg. 4. — Palais de l'Élysée, résidence du Président. 2. — 22 p.

1166 Baraguay d'Hilliers père. 2. — Fils. 3. — Boulay de la Meurthe. 3. — Préfets de police, Caussidière. 3. — Ducoux. — Oudinot. 2. — Piat. — 15 p.

1167 Expédition de Rome, 8 p. lithog. par Raffet. Sup. ép. de choix.

1168 **2 décembre 1851**. Généraux Bedeau. 3. — Changarnier. In-fol. d'ap. H. Vernet et autres. 6. — Durrieu. — Léon Faucher. — Victor Hugo, sa maison, etc. 9. — Lamoricière. — Magnan. — Romieu et charges. 4. — Saint-Arnaud, in-fol. Raffet, etc. 2. — 28 p.

1169 **Napoléon III**, empereur. — L'Empereur et l'Impératrice, en couleur. — L'Impératrice tenant son fils. 3. — Abatucci. — Baroche. — Odilon Barrot, in-4, dessin au crayon, etc. 7. — Billault. 2. — Casabianca. — Castellane. — Cormenin. 3. — Achille Fould. 2. — Ornano.

— Persigny. — Rulhière.— Vieillard.—Sultan Abdul-
Medjid. 2. — Reschid-Pacha. 2. — Omer-Pacha. 2. —
33 p.

1170 **Guerre d'Orient**. Bomarsund. 5.— L'Alma. 4. —
Balaclava. 2. — Inkerman. — Odessa. 2. — Sweaborg,
Tchernaïa. — Malakoff. 2. — Sébastopol. 8. — Cartes
de la Crimée, Turquie, Baltique. 3. — 29 p. Grandes
et belles lithog. coloriées.

1171 Vice-amiral Hamelin.—Pélissier.—Perceval-Deschesne.
— Comte de Cavour. — Comte Orloff. — Comte Wa-
lewski. — L'Aigle sera toujours dans le secret des
Dieux. — L'Aigle n'est plus dans le secret des Dieux.
8 p.

1172 Unité de l'Italie. 7 vignettes par Montaut et carte.
8 p.

MAISON D'HANOVRE

Princes qui ont occupés le trône d'Angleterre depuis
Georges Ier jusqu'à la reine Victoria

1173 La reine Victoria. En pied, in-fol. Tavernier, avant la
lettre et autres. 5. — Le prince Albert et la reine Victoria. 2 p. imprimées en couleur. — Le prince Albert.
2. — 9 p.

1174 **Georges**, de Danemark, premier roi d'Angleterre de
la maison d'Hanovre, en 1714. In-4. Schench, Schmith,
In-fol. B. Picart. 3. — Georges II. In-4. Tanjé. In-fol.
Manière noire avant toute lettre et in-8. 7.—Georges III.
In-4. Fos., Cardon, Godby, etc. 6.—Georges IV. In-fol.
Turner avant la lettre, etc. 6. — 22 p.

1175 Caroline de Brunswick. In-4. Schiavonetti, etc. 4. —
Comte de Bergami. 3. — Charlotte d'Angleterre. 2. —
Avec son mari. 2 — Lord Brougham. 3. — Canning. 2.
— Richard Cobden. — Ellenborough. — Lord Moira.

2. — Nelson, 2. — Lord Normanby-Mulgrave. 2. — O'Connell. 2. — Palmerston. — Robert Peel. — John Russell. 2. — Jervis de S. Vincent. — Castlereagh. — 32 p.

PIÈCES HISTORIQUES DIVERSES

1176 Sujets allégoriques sur le mariage d'Anne d'Autriche, d'ap. Moyaert. 6 p. Toute marge.

1177 Discours du Roi le jour d'ouverture des états généraux, 5 mai 1789. In-fol. imprimé en typographie sur satin, avec les portraits du Roi et de la Reine.

1178 Déclaration des droits de l'homme et du citoyen. In-fol. Machy et Aubert.

1179 Réunion d'assignats en forme d'éventail. Très-rare.

1180 **Pièces historiques** diverses. Caricatures, etc., par Girardet et autres. 25 p.

1181 — Vignettes du temps et modernes, etc. 50 p.

1182 **Galerie de Versailles**, publiée par M. Gavard. Portraits en pied, bustes, statues, sujets historiques, batailles, vues, intérieurs et détails. Exemplaire chine, plus de 150 feuilles.

VUES DE DIVERS PAYS

1183 **Allemagne**. Bade, Berlin, Cologne, etc. 22 p.

1184 Aix-la-Chapelle, vue et plans. 11 p.

1185 Francfort-sur-le-Mein. 6 lith. chine avant la lettre.

1186 Vues du Rhin coloriées. Coblentz, Mayence, etc. 6 gr. pièces.

1187 **Angleterre**. Londres et ses environs. 22 p.

1188 **Hollande**. Souvenirs de Bruxelles, par Madou. 13 p. coloriées. — Vues de Belgique, chez Jobard. 24 p. En tout, 37 p.

1189 — Haarlem, 12 lithog. — Amsterdam, d'ap. Jacobst
et autres. 16. — La Haye, Utrecht et autres. 38 p. En
tout, 66 p.

1190 **Italie**. Lithog., par Cuciniello et Bianchi, et autres
anciennes. 47 pièces et vol. Basilique de Superga.

1191 **Paris et France**. 60 p.

1192 **Perelle**. L'Hôtel-de-Ville. — Château de Chambord.
3 p.

1193 **Silvestre** (Israël). L'Hôtel-de-Ville. — Place de
Gréve et l'église Notre Dame. — Château de Vincennes.
— Ces 3 p. sont grandes marges. — Tour de Nesle.
—Pont-Neuf et île du Palais, rond. — Jésuites, rue St-
Antoine. — Pont de Grenoble et maison du duc de
Lesdiguières 7 p.

1194 **Amiens**. 6 lithog., par Ballan et autres, anciennes. 5. — 11 p.

1195 **Bagnères de Bigorre**. 6 lithog., par Ed. Sewrin.

1196 **Bordeaux**. Théâtre. In-fol., avant la lettre et autres,
3. — Vues, par Salathé, chine. En tout, 6 p.

1197 **Calais**. Vue cavalière lors de la prise aux Anglais,
1558, par Duchetti. Très-rare.

1198 **Dieppe** et ses environs. 7 p. anciennes et modernes.

1199 **Havre**. Par Salathé, avant la lettre, chine, 4. —
Rouen, etc. En tout, 6 p.

1200 **La Rochelle**. Par Salathé, chine. 4 vues.

1201 **Rambouillet**. 2 vues, par Rigaud, Bagnollet, Marseille pendant la peste. 4 p.

COLLECTION BRETONNE

Personnages nés en Bretagne ou y ayant marqués soit
par leurs emplois ou leurs talents.

1202 Vues et cartes de Nantes, Clisson, Angers. Gravées et
lithog. 16 p.

1203 Albert-le-Grand. Auteur de la Vie des Saints de Bretagne. — Alais. Sauvage. 2 experts-jurés en écriture, dessins a la plume. — Allard, général, et le roi de Lahore, 3. — Allemand, vice-amiral, 2. — L. Belloc. Benoist, organiste. — Billy, général. — Bisson, 6. — Trementin. — Gilles de Bretagne, duc d'Orléans. Scène, 3. — Brilhac, président. — Carré, 3. — 25 p.

1204 Causeur. Agé de 130 ans. — Général Chabot. — Desfourneaux, 3. — Dupetit-Thouars, 3. — Mad. de Duras. — Alex. Duval, 4. — Amaury Duval, dessin, in-8, au bistre, etc., 2. — Général Ferrand. — Baron Foucher. — Fressinet. — Ginguené, 3. — Giraud Duplessis. — Granger, acteur. — P. Grelier. — H. vicomte d'Abancourt. 25 p.

1205 Général Hatry. — Hugues, chancelier. — Judicael, vignette. — Kervegan, maire de Nantes, dessin, in-8. Mine de plomb. In-4. Goulet, etc., 3. — Kilmaine. 2 différents, avant la lettre. — Lamotte-Piquet. — Laroche de St-André. — Leissègue. — Linois, 2. — Maransin. — Mechin, 3. — Élisa Mercœur, 3. — Missiessy. — Jean de Molac, 2. — Les frères Monneron. Morand, 2. — 26 p.

1206 Morard de Galle. — Muller. — Muraire. — Niou, sujet. — Pariset, médecin, 4. Pervinquière. — Emmanuel Rey. 2 Règlement, brochure. — Rivaud. — Rohan, armoiries. — Rozan, acteur. — St-Aignan, 3. — Ste-Suzanne. — Salm-Dyck, 6. — Soirée chez la princesse de Salm, groupe de 39 têtes. — Biographie. — Sané. — Surcouf, 3. — Ternaux, 4. Mortimer-Ternaux. — Truguet, 2. — Magistrat anonyme, par Vigneron. In-fol. 37 p.

1207 **Belleville** (Redon de). Consul général, préfet de la Loire-Inférieure, administrateur des postes, etc. Dessin mine de plomb, *Chavard.*

1208 **Boulay-Paty** père (Pierre-Sébastien). Jurisconsulte. Aquarelle, in-8. Marge, in-4.

1209 **Geoffroy** (l'abbé). Dessin mine de plomb. In-8. et autres. Le fait n'est que trop vrai, etc. 6 p. Plusieurs curieuses et rares.

1210 **Mellier** (Gérard). Général des finances, maire, etc. Dessin, in-4. Mine de plomb. Très-terminé. Lithog. 2 p.

1211 **Mellinet** (Camille). Imprimeur. A publié des ouvrages sur Nantes. Lithog. Grand in-fol.

— CULTES

Évêques de Bretagne, Saints, etc.

1212 R. P. Amatus de Lamballe, frère mineur. — D'Andigné de Mayneuf, évêque. — Armelle Nicolas. — Athanase Abd-el-Messih, évêque syrien. — Abbé Carron, 2. — Champion, jésuite. — Abbé Cœur, 2. — Combalot. — De Joux, pasteur. — De Ponte, jésuite. In-4, par L. Moreau. — Duvoisin, évêque. — Expilly, 2. — P. de Foix, cardinal. — Gallard, évêque. — J. Garnier, jésuite. — De Guérines, évêque. — Hercé, évêque. — Jean XXIII. — Claude Jégou, vicomte de Quérian. In-fol. Lenfant. — Lacordaire, 4. — 26 p.

1213 Lalaurencie, évêque au Physionotrace. — Lamarche. — Lamennais, 6. — Latyl. — Mère Marie de l'Incarnation. In-8. Rousselet. — Marron, pasteur. — Montgodin, curé de St-Albin. — Ferd. de Neuville, évêque. In-fol. Nanteuil. — Pie IX. — Rauzan, missionnaire, 2. — Guyon, dessin au bistre. — Ravignan, 3. — Rochechouart, évêque. — 21 p.

1214 **Legris Duval**. Fondateur des petits Savoyards et jeunes prisonniers, dessin orignal, par Chasselat, et gravure, avant et avec la lettre, 4.

1215 Saints de Bretagne. 3 feuilles contenant 27 saints. — St Éloy. — St-Josse. — St-Pierre et Paul, 9. — St-Yves, évêque de Chartres. — St-Yves, patron des pauvres, 2. — Image miraculeuse de la Vierge qui se voyait dans l'église de Notre-Dame de Rostrehem. — 18 p.

MEMBRES DES ASSEMBLÉES CONSTITUANTES ET LÉGISLATIVES DE 1789 A 1848

1216 Loire-Inférieure. J. Binot. — Blin. — Léger Cottin. — Dieusie. — Gérard, 3. — Méchin. — Poulain de Corbion. — Billaut. — Camus de la Guibourgère. — Desmars. — Favreau. — Fournier, 3. — Grandville. — Lanjuinais, 3. — Larochette. — Lecour. — Luminais. — Sesmaisons. 24 p.

1217 Ille-et-Vilaine. Hardy de la Largère. — Le Breton, 2. — Le moine de la Giraudais. — Ratier. — P. Symon. — Vaneau. — Varin. — Graverend. — Tréhu de Monthierry. — D'Andigné da la Chasse. — Degousée. — Jollivet. — Legears de la Diriays. — Meaulle, 2. — 16 p.

1218 Finistère. Berardier. — Billette de Quimperlé, 3. — Guino, 2. — Legendre. — Legollas. — Loédon de Keromen. — De Penaunech. — Moyot. — De Kerangon. — Trehot de Clermont. — Verguet. — Desbordes Borgnis. — Guilhem. — Découvrant. — Du Couédic de Kergoaler. — Graveran. — Keranflech. — Kersauson. — Lacrosse, 2. — Leflo. — Mége. — Riverieulx. — Soubigou. — 27 p.

1219 Morbihan. Corroller. — Golven Tuault. — Le Deist de Botidoux. — Corentin le Floch. — Leissègues. — Robert. — Villemain. — Crespel de Latouche. — Dahirel. — Danielo. — Dubodan, 2. — Harscouet de St-Georges. — Larochejacquelein. — De Perrieu. — 15 p.

1220 Côtes-du-Nord. Coupard. — Couppé, 2. — De Launay. — De Neuville. — Gagon. — Poulain de Corbion. — Beslay. — Rupérou. — Dépassé. — Glais-Bizoin, 2. — Le Gorrec. — Michel. — Morhéry. — Perret. — Tassel. — 17 p.

1221 **Vendée, Mayenne**, etc. B. Dutreil. — Dufou-
geroux. — Ledru. — Luneau. — Marie. — Rémusat.
Tinguy, 2. — Toqueville. — 9 p.

PORTRAITS

De Personnages divers classés par Graveur.

1222 **Audouin**. Henri IV. In-fol.

1223 **Balechou**. Le brave Crillon. In-8. 1er état. Superbe.

1224 **Bartolozzi**. Le duc, la duchesse de Malborough et
leur fils. En couleur, in-4. Superbe.

1225 **Baudouin**. Gontaut, duc de Biron. In-fol.

1226 **Beauvarlet**. Le duc de Bourgogne, sous Louis XV,
d'ap. Fredou. In-8. Très-belle ép.

1227 **Beisson**. Marat, In-fol., d'ap. Boze, avant la lettre.
In-fol. Toute marge. C'est le plus beau portrait du
personnage.

1228 **Blanchard**. Joséphine, d'ap. Prud'hon, en pied,
avant la lettre. Chine.

1229 **Cusa** (Nicolas della). Baccio Bandinelli.

1230 **Chereau**. Mad. de Sabran, d'ap. Vanloo. In-fol.
Sup.

1231 **Coutellier**. Michu, comédie italienne, en couleur,
retouché et signé, par Coutellier.

1232 **Daret**. Claude de Lorraine, duc de Chevreuse. — Sa
femme, la duchesse de Chevreuse. 2 portraits grand
in-8. Très-belles ép., grandes marges.

1233 — Guil. et Ch. de l'Aubespine. — D'Aumont. — C. de
Choiseul. — F.-A. d'Estrées. — Pibrac. — La Rochefoucauld, cardinal. — Vitry. — Marillac. — Henri II
de Montmorency, Gaston. — Richelieu. — Rohan. —
Schomberg. — Servient. — Sublet. — Valois Angoulême, etc., 24 p.

1234 **De Marcenay**. Charles VI!, in-8. — Mirabeau, l'ami des hommes. In-fol. Toute marge. 2 p.

1235 **Desnoyers**. Le roi de Rome, d'après Gérard. Sup. ép., toute marge, avec le cachet N.

1236 **Deterive**. Delin. Palafox, défenseur de Saragosse, à cheval. In-fol. Très-rare.

1237 **Drevet**. J.-Victor de Bezenval, in-4, d'ap. Messonier. Très-belle ép.

1238 — Boileau-Despréaux. Sup. ép in-4. Marge.

1239 — Louis duc de Bourgogne, d'ap. Rigaud. Très-belle ép. avant la lettre.

1240 — Louis, grand dauphin, d'ap. Rigaud. Très-belle ép.

1241 — Louise-Adélaïde d'Orléans, abbesse de Chelles. In-4. Sup ép. Marge.

1242 **Duflos** (Ch.). Adrien de Valois. In-4. Sup. ép. Toute marge. — Albert de Goudy. 2 ép.

1243 **Edelinck**. Titre. — Ch. Perrault. — Barbier. — Gassion. — Lamoignon. — Lully. — Luxembourg. — Pelisson. — Racine. — Solleysel. 10 p. Très-belles ép. Marge.

1244 **Falck**. Axel Oxenstiern. In-fol. Très-belle ép.

1245 **Flipart**. Mme Favart. — Favart, par Littret, 2 p. in-8.

1246 **Folkema**. Gustave-Adolphe. In-8, avant toute lettre, marge.

1247 **François**. Léonora Galigaï, femme du maréchal d'Ancre, In-8. Rare.

1248 **Gaultier**, 1624 (Léon). Cardinal d'Ossat. In-4.

1249 **Gole**. Duchesse de Lavallière, en carmélite, In-4.

1250 **Grignon**. Jacques Cœur. — Jean Bureau. 2 p. in-fol.

1251 — César de Vendôme, le roi des halles. In-fol.

1252 **Guntz**. St-Evremont. — Marie d'Angleterre.

1253 **Houbraken**. H. Grave. — Baron d'Imhoff. 2 p.

1254 **Lasne** (Michel). Brulart de Sillery, in-4. Très-belle ép.

1255 **Lebas**. Pierrot et sa Progéniture. Très-belle ép.

1256 **Leu** (Th. de). Ch. de Bourbon-Soissons. — Henri II.
2 p.

1257 — Louis Servin. Très-belle ép. Marge.

1258 **Laugier**. Marie-Amélie, reine des Français. Avant
toute lettre. Chine.

1259 **Lingée**. Mlle Raucourt, avec scène de Mithridate, d'a-
près Freudeberg et Moreau. In-fol. Toute marge.

1260 **Lubin** (J.). Arnauld d'Andilly. Sup. ép. Toute marge.

1261 **Mariage**. Louis duc de St-Simon. In-8. D'ap. Vanloo.

1262 **Masson**. André le Nostre. In-fol.

1263 **Mellan**. Charles de Condren. In-4. Marge.

1264 **Montcornet**. Ancre. — Luines. — Bouthillier. —
César de Coislin. — Duc de Chaulnes. — Cospean. —
S. F. de Sales. — Joyeuse. — Tremoille. — Thémines.
Ch. de Guise. — Mayenne. — F. de Montmorency Bou-
theville. — Rohan, etc. 28 p.

1265 **Muller** (H.-C.). Camille Jordan. Avant la lettre. Chine.

1266 **Muller** (J.-G.). Jérome-Napoléon. In-fol.

1267 **Nanteuil**. Georges Scudéry. Sup. ép. Marge.

1268 — Jeannin. — Voiture. 2 p.

1269 **Pontius**. Marie de Médicis, d'ap. Van Dick. — Thomas de Savoie. 2 p.

1270 **Roger**. Naufrage de Virginie, d'ap. Prudhon. — Sé-
nat conservateur. — Gouvernement français. 3 p.

1271 **Saint-Aubin**. Helvétius. — Montalembert. 2 p.

1272 **Sarrabat**. François Rabelais. In-4. Toute marge.

1273 **Schmidt**. Adrienne Lecouvreur, avec entourage de
Babel.

1274 **Sompel**. Charles V. — Ferdinand Ier. — Maximilien Ier.
— 3 portraits in-fol.

1275 **Tardieu**. La reine de Prusse, d'après Mme Lebrun.
Maréchal Ney. 2 ép. in-4. Toute marge.

1276 **Tavernier**. Le pape Pie VII, d'ap. Lawrence, in-8.

Magnifique ép. d'artiste. Grande marge. *Tavernier à la* pointe.

1277 **Thomas**. Desessaris, comédien. In-fol. d'ap. Ingouf, avant la lettre.

1278 **Tourcaty**. Marat à la tribune. In-fol. d'ap. S. Petit.

1279 **Vanschuppen**. Bochart. — Bouillaud. 3 p.

1280 **Vermeulen**. Le P. Sirmon, jésuite. Avant toute lettre. Marge.

1281 **Wierix** (H.). Ph.-Em. de Lorraine, duc de Mercœur. In-4. Sup. ép.

PORTRAITS CLASSÉS PAR PROFESSION ET PAR NOMS

1282 **Musiciens**. Artot, Baillot, Beethoven, Beriot, Boïeldieu, Cherubini, Giardini, Haydn, Herz, Kalbrener, Konski (Apollinaire), grand in-fol.; Liszt, Meyerbeer, Mozart, par Thaeter, etc.; Paer, par Rosaspina, E. Prudent, Rameau en pied, par Fayet; Rossini, Thalberg, Tulou, dessin mine de plomb par Ruhierre, 1838, etc. 55 p. Sera divisé.

THÉATRE-FRANÇAIS

1283 Mme Allan-Despréaux. — Armand. — Brohan; 2. — Charton. — Chazel, 2. — Contat, en pied, en couleur, Janinet. — David. — Mlle Devienne. — Dorval, 5. — Duchesnois, 6, et Caricature. — 22 p.

1284 Mlle Dupont, 4. — R. Dupuis; 2. — E. Dupuis. — Georges, 9. — Georges cadette. — Joanny, 3. — Mme Joly, par Langlois, avant et avec la lettre. — 22 p.

1285 Lafont, 5. — Larive. — Leverd; 3. — Ligier, 2. — Mante, 2. — Maxime. — Mme Menjaud, 2. — Mezerai, 2. — Michelot, 3. — 21 p.

1286 Monrose, 6. — Nathalie. — Paradol. — Pélissier, par Daullé, in-fol. — Périer, 2. — Mlle Petit, 2. — Plessis. St-Prix, 3. — Mme Talma, 2. — Victor, 3. — Mlle Volnais, très-rare. — Wenzel comtesse Orloff, 2. — 25 p.

1287 **Baptiste** aîné. 11 Portraits et Costumes. — Baptiste cadet, 4. — En tout, 15 p.

1288 **Desgarcins** (Mlle). Charmante Esquisse, aquarelle, par Monnet. N'a pas été gravé.

1289 **Duchesnois** (Mlle). Beau dessin aux trois crayons, par Bouchardy.

1290 **Lafond**. Dessin in-4, crayon noir, par Leclerc.

1291 **Mars** (Mlle), en pied, mine de plomb par Lacauchie, Lignon, Grevedon et autres, 8, et son père Monvel, petite aquarelle, etc., 2. — En tout, 10 p.

1292 **Rachel** (Mlle). Grevedon et autres, 6.

1293 **Regnier**, in-8 et in-fol., 12. — Fontaine Molière, 13 p.

1294 **Talma**. Portraits, Costumes, Scènes, les Fureurs d'Oreste, ou Talma et Geoffroy. Colorié. 22 p. Notice par M. Regnier.

1295 **Talma** (Mme), comtesse de Chalot. Très-beau dessin in-fol, aux crayons de pastel, par *Boilly*.

1296 **Adeline**, de l'Odéon. Dessin aux trois crayons, par Bouchardy.

OPÉRA

1297 **Danse**. Bigottini, 2. — Ellsler, 4. — Gardel, 2. — Mlle Miller, son épouse, au physionotrace. Rare. — Montessu, 2. — Noblet. — Taglioni, 3. — 15 p.

1298 **Chant**. Mme Albert. — Alboni. Portraits et scènes. 10. — Baroilhet et Stolz, 5. — Branchu, 2. — Chardini. — Cruvelli. Costume et scène, 3. — Damoreau-Cinti, 5. — Derivis, 3. — 30 p.

1299 Dorus-Gras et costumes. 12. — Duprez et scènes. 2. — Falcon et costumes. 13. — Lafont. 3. — 30 p.

1300 Lavigne. — Lays. 4. — Levasseur. 3. — Mlle Masson. 2. — Nourrit. 2. — Plunket. — Ponchard d'Halbert et scène. 3. — Poultier. 4. — Loïsa Puget. — Roger. Scènes et costumes. 15. — 36 p.

1301 **Maillard** (Mlle). Profil in-8. Très-belle ép. Autre, en couleur. 2 p.

1302 **Saint-Huberti**. Profil en couleur et en pied, par Janinet; et autres, par Colinet, etc. 4 p.

OPÉRA-COMIQUE

1303 Chenard. 4. — Dozainville. 2. — Gaveaux. — Mlle Renaud d'Avrigy, l'aînée. In-4, de Bréa, en pied, par Bellejambe. 2. p. Rares. — Mme Saint-Aubin, en couleur, par Alix, avec scène au bas. In-4, Audouin. 2. — Alexandrine. Duret. 14 p.

1304 Mme Boulanger, Audouin, etc. 2. — Casimir. — Chollet. 2 — Jenny Colon. 2. — Crétu. 2. — Mme Darcier, et costumes. 3. — Desbrosses. 2. — Elleviou. 3. — Gavaudan. 2. — Mme Gavaudan. 4. — Huet. 2. — 25 p.

1305 Julien. Dessin en pied, etc. 2 — Lafeuillade. 2 petites aquarelles. — Lemonnier. In-fol., et Madame. 4. — Martin. — Michu, en couleur, par Coutellier. — Moreau. — Paul. — Philippe. 2. — Ponchard. 4. — Mme Pradlier et son mari. 2, — Mlle Prévost. 3. — Scio. — Solié. 25 p.

1306 **Ugalde** (Mme), en pied. Aquarelle, par Eust. Lorsay, 1850.

1307 Scène de Fanchon la Vielleuse, où se trouve Mme Belmont, etc., par Schenker. In-fol.

OPÉRA-ITALIEN

o 1308 De Begnis. 4. — Madame. — Catalani. 3. — E. Garcia. In-fol., couleur, etc. 2. — Grassini. — C. Grisi. — Julia Grisi et costumes. 10. — Lablache. 2. — Mainvielle-Fodor. 25 p.

o 1309 Malibran, Grévedon et autres. 6. — Méric-Lalande. — Pasta. — Persiani. 3. — Rubini. 2. — Sontag, 5, et sa biographie. Comtesse de Rossi. — Tamburini. 2. — Hélène Vigano. In-fol. 23 p.

VAUDEVILLE

o 1310 Barré, fondateur du Vaudeville, Desfontaines. Radet. — Piis. Charmant petit portrait, par Gaucher et autre. 2. — Bardou. 17. Portraits, costumes, scènes, etc. — Mme Belmont. 4. — Doche. — Joly. — Lafont. 2. — Laporte, et pièce. Arlequin tout seul. Édition originale. — Philippe. 3. — M. et Mme Taigny. 5. — Mme Thénard. 3. — 40 p.

o 1311 Bourgois. — Carpentier. — Chapelle. — David. — Duchaume. — 5 dessins, en pied, à la sanguine.

1312 **Doche** (Mme), dans le *Gant et l'Éventail.* Charmante aquarelle, en pied, par Lacauchie.

THÉATRE DU GYMNASE

o 1313 Bernard-Léon et scènes. 3. — Bouffé. Dessin mine de plomb, en pied, par Lacauchie et autres. Lithog. 7. — Rose Chéri. Costume. — Déjazet, et costumes. 8. — Ferville. 2. — 21 p.

o 1314 Gontier. 2. — Perlet, et costumes. 5. — Mlle Eug. Sauvage. 3. Jenny Vertpré. Aquarelle, en pied, dans la *Pie Voleuse,* et autres. 5. — Volnys (Léontine). 4. — 19 p.

PALAIS-ROYAL. — PORTE-SAINT-MARTIN

1315 Leménil. 2. Charges. — Levassor. 3. — Montpensier.
— Bocage. — Ida Ferrier. 3. — Frédéric Lemaître. 2.
— Lepeintre aîné et jeune. 11. — Mazurier. 5. —
28 p.

VARIÉTÉS

1316 Arnal. — Astruc. — Beaulieu. Noir et couleur. 3. —
Bosquier-Gavaudan. — Brunet, et costumes. 8. —
Odry. Dessin et autre. 2. — Pauline. 3. — Potier, et
costumes. 10. — Tiercelin, et costumes. 7. — Vo-
langes. 2. — 38 p.

THÉATRE-ANGLAIS

1317 William Farren. Costumes et scènes. 10. — Kean, et
scènes. 3. — Ch. Kemble et Le Boucher, costumes, sa
femme. 7. —Liston, et costumes, charges, et sa femme.
14. — Macready. — Mathews. — Reeve. — Robinson.
2. — Siddons. 3. — Smithson. 2. — Walstein. 2. —
Wattier. 47 p.
1318 Pilatre de Rozier, célèbre aéronaute, faisant une expérience du feu. In-4., Collyer.
1319 Portraits divers d'acteurs. Le Café des Comédiens. Les
Théâtres, etc. 44 p. Sera divisé.
1320 Petits costumes de théâtre. Coloriés. 66 p.
1321 Costumes de théâtre. Martinet, colorié. 68 p.
1322 Galerie dramatique. Lacauchie. 20 p.
1323 Galerie dramatique, gravée. Bance. 40 p.
1324 Acteurs, en pied, lithog. par Colin. 16 p.
1325 **Amateurs d'estampes :** Duchesne aîné. — Laterrade. — Robert Duménil. 3 p.

1326 **Artistes**. *Peintres*, etc. 48 portraits.

1327. — *Sculpteurs*. Canova, par Anderloni et autres, brochure, statue. 8. — David, d'Angers, et charge, maison. 7. — Girardon et 5 feuilles de son cabinet — et autres. 25 p.

1328 — *Graveurs*. — Avril. — Bartsch. — Carrache. — Caylus. Denon. — Ingouf jeune. — Jode. — H. Monnier, lithographe. — Odieuvre. — Tempeste. — Wille. — C. Vischer. — Wouvermans. 14 p.

1329 **Economistes**. J.-B. Say, très petit dessin au bistre sur vélin. — Malthus. — Adam Smith. — J.-B. Say. 4 p.

1330 **Ecclésiastiques**. Papes, etc. 24 p.

1331 **Femmes** célèbres diverses. 22 p.

1332 **Femmes auteurs**. Mesdames Campan. 2. — Dacier. — Dufresnoy. 2. — Duras. — Lafayette. — Montolieu. — Sand. 5. — 14 p.

1333 **Littérateurs**, auteurs dramatiques, poëtes, savants, etc. Environ 140 p. Sera divisé.

1334 **Médecins**. Chicoineau, dessin en pied en costume contre la mort, pour visiter les pestiférés de Marseille, au crayon relevé de plume.

1135 — Adelon. — Beclard. 3. — Bérard. — Broussais. In-fol. par Bonvoisin, chine avant la lettre. — Chaussier. 4. — Desgenettes. — Dupuytren — Esquirol. 2. — Ferrer. — Laennec. — Orfila. 3. — Raspail. 2. — Sabatier. — Scarpa. Tronchin. — Vadianus. 2 — 40 p.

1336 Napoléon et sa famille. 26 portraits.

1337 Portraits de Furue et Delpech, etc. 50 p.

1338 Maréchaux de France créés par Napoléon et la Restauration. 34 port. en pied sur chine avec les états de service, brochés séparément.

1339 Portraits tirés des galeries de Versailles. 120 p. Sera divisé.

1340 Portraits de personnages divers : rois, guerriers et autres célébrités. Plus de 450. Seront divisés.

1341 Portraits inédits d'artistes français, de Chennevières. 6 p.

1342 Portraits de personnages français, avec texte, par Niel. — Boissy. — Caron. — Elisabeth Duval. — Ch de la Trémoille, princesse de Condé. 4 portraits par Riffaut.

1343 Photographie. Belle étude de femme nue couchée.

1344 Antiques. Bustes, statues, antiquités religieuses, etc. 77 p.

1345 Paysages des diverses écoles. 114 p.

1346 Ecole Ancienne. Bois. 53 p.

1347 Ecole Anglaise. Vignettes et autres. 50 p.

1348 Ecole Française. Compositions diverses. 110 p.

1349 Ecole Flamande. Rembrandt, Hollar, Teniers, etc. 109 p.

1350 Ecole Italienne. Ghisi, Raphaël, etc. 60 p.

Renou et Maulde, imprimeurs de la Compagnie des Commissaires-Priseurs, rue de Rivoli, 144.   6102

[illegible] et [illegible]   1[illegible]   [illegible]
[illegible]   [illegible] 30
[illegible]   16   [illegible]   15 octobre
                         1   [illegible]   [illegible] octobre
                               [illegible]
                               [illegible]
                               80
                               [illegible]
                               50
                               70
                               20   4 2   10

56 [illegible] [illegible]   14

RENOU ET MAULDE

IMPRIMEURS DE LA COMPAGNIE DES COMMISSAIRES-PRISEURS

Rue de Rivoli, 144.